龍行萬里

Longquan Celadon on the Maritime Silk Road

——海上丝绸之路上的龙泉青瓷

中国（海南）南海博物馆　编著

海洋出版社

2023年·北京

编委会

主　　编：辛礼学
副 主 编：章佩岚
执行主编：郭冬月
统　　稿：张蕊
英文翻译：亓浩
装帧设计：邱兴赛

策展团队

总 策 划：辛礼学
总 协 调：章佩岚
策 展 人：郭冬月
展览配合：朱磊　柯伟　李剑　李东风　符晓遥　林佩珊　李其仁　郑睿瑜

CONTENTS
目录

◎ 中篇·图录 ◎

◎ 下篇·文创 ◎

◎ 结语 ◎

序言

两千余年来，作为东西方贸易和文化交流的海上大动脉，丝绸之路承载着中国与世界的交往与对话。随着海外贸易需求的扩大，中国陶瓷沿着海上丝绸之路流布四方，深受各国人民的喜爱，具有全球化的意义，海上丝绸之路由此被誉为“陶瓷之路”。

浙江龙泉青瓷以“清如玉、明如镜、声如磬”的特质惊艳天下，是中国陶瓷史上烧制年代长、窑址分布广、生产规模和外销范围大的青瓷名窑，宋元至明早中期通过海上丝绸之路输出东亚、东南亚、南亚以至欧洲，成为当时最主要的外贸商品，行销世界，见证了当时中外贸易和文化交流之繁盛，是构建、复原海上丝绸之路不可或缺的实物证据。

中国（海南）南海博物馆旨在建立“21 世纪海上丝绸之路文化交流的重要平台”，推出“海上丝绸之路系列展览”，联合浙江省博物馆、首都博物馆、龙泉博物馆、景德镇博物馆等重要的文物收藏研究单位，首推“龙行万里——海上丝绸之路上的龙泉青瓷展”，以龙泉窑之“龙”，寓意承载着中华文化的巨龙，通过海上丝绸之路，航行万里，是中国（海南）南海博物馆构建“21 世纪海上丝绸之路文化交流的重要平台”上最有价值的内容，是海上丝绸之路的历史真相之所在。

上篇·论著

Longquan Celadon on the Maritime Silk Road

两千余年来，作为东西方之间贸易和文化交流的海上大动脉，海上丝绸之路承载着中国与世界的交往与对话。海上丝绸之路又被誉为“陶瓷之路”，随着海外贸易需求的扩大，中国陶瓷贸易大宗发展，龙泉窑青瓷器也随之流布四方，深受各国人民的喜爱。

“龙行万里——海上丝绸之路上的龙泉青瓷”展览综述

郭冬月　中国（海南）南海博物馆

“龙行万里——海上丝绸之路上的龙泉青瓷”展览为“海上丝绸之路系列展览”之一，以具有中国意向的龙泉窑之“龙”、有中国特色的瓷器和中国审美境界的青釉色，作为“海上丝绸之路系列展览”的开篇之作。

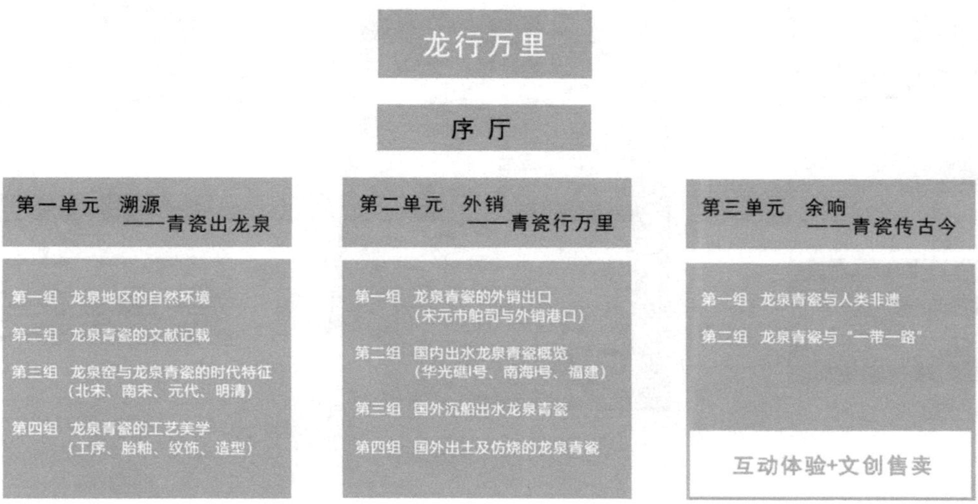

展览框架

展览以海上丝绸之路的大宗商品——龙泉青瓷为切入点，分析研究其产地资源、经济状态和历史溯源，展示其运输通道并由此行销海外，风靡世界的过程，最后回到中国，展现当代龙泉青瓷工艺的发展近况。展览以纵横两条线展开，横向展开的是海上丝绸之路的瓷器之路，纵向展开的是龙泉青瓷从古至今的传承之路。

展览在整体的设计思路上，选取龙泉青瓷与海上丝绸之路的典型物象，如龙

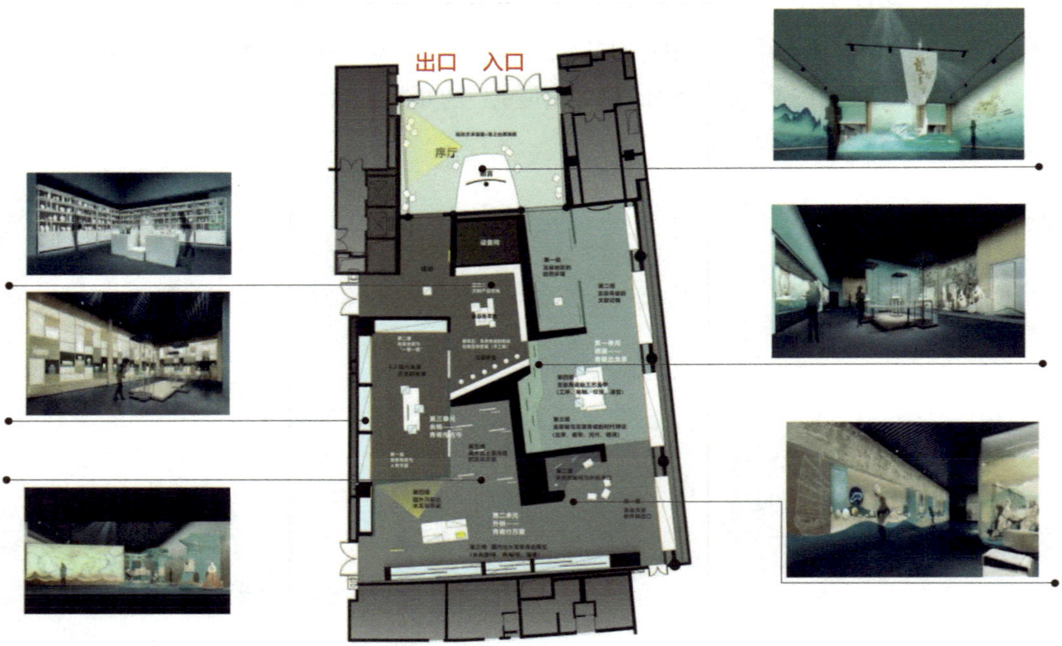

展览布局

泉青瓷的釉色、南海的白沙、模拟海水纹路的水纹灯、摆放瓷器古董的博古架等，将观众带入龙泉青瓷所在的历史环境和远销世界的地理背景，使其具有多感官体验，讲好中国“龙”的故事。

展览序厅凝练主题，营造氛围，用朝阳背景和扬帆远航的船只，象征海上丝绸之路充满能量的旅程，从设计效果来讲，整个展览也充满了积极向上的氛围，同时让参观该展览的观众感觉眼前一亮，豁然开朗。

展览实景

“龙行万里——海上丝绸之路上的龙泉青瓷”展览共分为三大部分。

第一部分　青瓷出龙泉。这一部分主要从浙江龙泉地区的自然环境、龙泉青瓷的文献记载、龙泉青瓷的时代特征以及龙泉青瓷的工艺美学来讲述龙泉青瓷的发展源头及龙泉青瓷的工艺审美。

第一部分展览实景

这一部分共展示文物79件，综合龙泉市青瓷博物馆、浙江省博物馆、首都博物馆之馆藏，展示了从北宋、南宋、元代到明清时期的龙泉青瓷藏品，其中有瓶、钵、杯、洗、盖罐、绣墩等器物，集中展现了龙泉青瓷的发展过程。

龙泉市青瓷博物馆藏龙泉窑五管瓶

龙泉市青瓷博物馆藏龙泉窑双鱼洗

设计以提炼龙泉青瓷原产地的自然地理特征为开篇，并以享誉世界的龙泉青瓷梅子青釉色为主题颜色。龙泉有山有水，该部分的陈列设计便以山和水为主要元素，以淡黄色为主色调，佐以梅子青色，把形态和色彩有机地结合起来。金色金属展架体现高级的现代感，展柜内放置山川形状的装饰板，点明龙泉青瓷来自山水之间，同时美观而不失单调，活跃展示氛围。

第二部分　青瓷行万里。这一部分是展览的重点，通过贸易通道，特别是水下沉船遗址中龙泉青瓷的出水情况，延展到世界各地出土的关于龙泉青瓷和龙泉青瓷仿烧的资料，表述龙泉青瓷“行销万里，风靡海外”的历史史实。

第二部分展览实景

这一部分所展示的文物，主要以南海出水的龙泉青瓷为主，包括“华光礁一号”“南海一号”等沉船的出水文物，共计92件（套），综合福建博物院、广东省文物考古研究所、广东海上丝绸之路博物馆、中国（海南）南海博物馆的馆藏和标本，展示了从宋代、元代到明代的出水龙泉青瓷，其主要器型有盘、碗、碟、洗、罐、杯、壶等，从实物上证实了龙泉青瓷是海上丝绸之路的大宗商品之一。

中国（海南）南海博物馆藏龙泉窑青釉双鱼洗

中国（海南）南海博物馆藏龙泉窑青釉双系罐

展览形式设计以海上丝绸之路作为重点，扩大了展示面积占比，提炼外销港口等元素，凸显了海上丝绸之路的波澜壮阔和恢弘气象。以蓝色为主色调，米黄色墙面配合水纹灯，制造海底和白沙相融的效果，辅助展品珊瑚砂尽显“南海”元素。文物随意置于白沙中，白沙上刻划的波纹与文物相配合，更加突出了龙泉青瓷、海洋与海上丝绸之路的关系，体现了龙泉青瓷也是海上丝绸之路上的大宗商品之一。

第三部分　青瓷传古今。这一部分主要讲述龙泉青瓷的古今传承以及龙泉青瓷与“一带一路”的关系。该部分共展示古今龙泉青瓷作品53件，其中，展示精选古代龙泉青瓷文物共22件，同时展示了27位当代龙泉青瓷工艺大师的经典获奖作品，古今对比，再现古代龙泉青瓷的精湛工艺和现代龙泉青瓷工艺的创新

景德镇御窑博物院藏青釉刻团花莲子碗

龙泉市青瓷博物馆藏龙泉窑青釉高脚莲花瓷碗

精神和时代特征，让观众感受到龙泉青瓷的传承，从古至今从未断绝。

这一部分展示面积有所压缩，采用典藏式陈列设计。主体色调淡灰色，辅以米黄色，与第一部分交相呼应，同时淡灰色背景更易衬托龙泉青瓷的釉色。展柜玻璃贴金色博古架纹饰喷绘，柜内毫无装饰，尽显龙泉之美。

第三部分展览实景

展览结尾添加文创展示和售卖区域。该部分使展览文创产品与展览展出文物相融合，把龙泉青瓷的随展文创搬进了展厅。设计上返璞归真，白色展示柜和展示台力求简洁素雅，更加突出龙泉作品。

“龙行万里——海上丝绸之路上的龙泉青瓷”展览作为“海上丝绸之路系列展览”第一季，集首都博物馆、福建博物院、浙江省博物馆、广东省文物考古研究所、广东海上丝绸之路博物馆、景德镇中国陶瓷博物馆、景德镇御窑博物院、景德镇陶瓷民俗博物馆、景德镇民窑博物馆、龙泉市博物馆10家博物馆之馆藏，从产地、工艺、材质、器型等多方面讲述龙泉故事，以合理的展览布局、贴合主题的颜色分区、极具现代化的柜内展示形式、贴合单元内容的柜内展示效果、形式特殊的展标和趣味多样的辅助场景等表现形式，为观众呈现了一场海上丝绸之路与龙泉青瓷相互融汇交织的视觉盛宴。

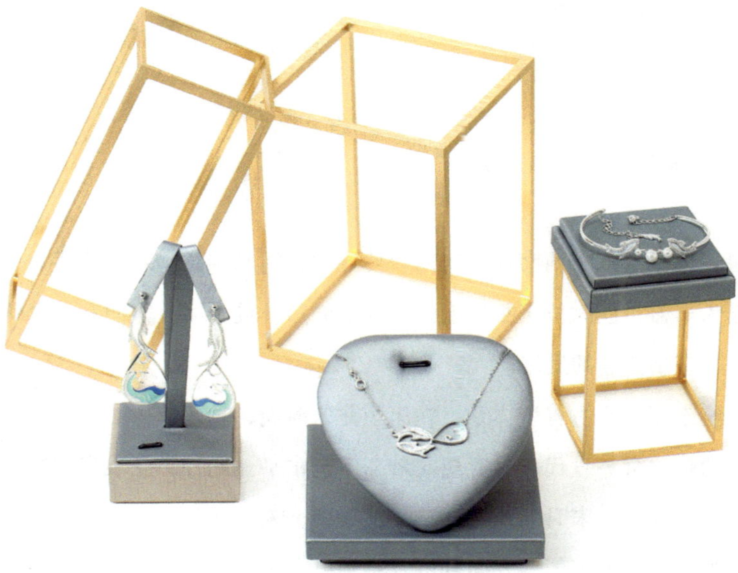

海上丝绸之路系列饰品“知守”

宋代龙泉窑青瓷的艺术审美简析

张晨薇　中国文物交流中心

龙泉窑，因产于浙江龙泉而得名，其窑系众多，以烧造青瓷著称。龙泉窑创烧于三国时期，于两宋时期快速发展，形成自身风格，并在南宋时期到达顶峰，一直延续到明朝中期，是中国烧瓷史上历时最长的一个瓷窑系。可以说，两宋时期是龙泉窑史上的重要时期。

一、龙泉窑青瓷发展概况

龙泉，位于浙江省西南部，境内山岭连绵，河水湍急，森林茂盛，瓷土等矿藏资源极为丰盛，同时位于瓯江上游，水源充足，且水路运输便利，自然条件得天独厚，适宜制瓷业的发展。

龙泉窑隶属于南方青瓷体系，在唐至北宋时期，越州境内（今浙江绍兴、宁波一带）的越州窑一直代表着青瓷的最高工艺水平。此外，龙泉窑周围还有婺州窑和瓯窑。五代至北宋时期是龙泉窑的发展期，未至成熟，故而此时龙泉窑青瓷从造型、釉色、装饰工艺等方面都可以看到以上窑口的影响，如主要造刻划花青瓷。直到北宋中晚期，越州窑逐渐衰败，龙泉窑经过积淀，开始走向了自我创新的发展之路。到了南宋时期，宋王朝的南渡导致全国政治经济中心的南移，北方窑口因战乱逐渐衰退，加之南宋朝廷鼓励对外贸易，大量龙泉青瓷外销，这些因素都促进了龙泉窑的繁荣发展，瓷器质量和制瓷工艺都有了显著提高，薄胎厚釉及堆贴、凸雕等装饰技法的成熟，粉青釉、梅子青釉的出现，标志着龙泉窑青瓷到达最高艺术水平。

二、宋代龙泉窑青瓷的工艺美学

两宋瓷窑众多，分布极广，可谓中国陶瓷艺术的黄金时代，陶瓷业在工艺和艺术性上都达到了前所未有的高峰，品类丰富，釉色多彩，打破了唐代“南青北白”的局面。其中，青瓷一跃占据主流地位，其简秀静古的造型、温润典雅的釉色，为皇家和士大夫阶层所偏爱。

宋人对于瓷釉的贡献尤为突出。白、青、黑、青白等色只是大致区分，仅青釉即可细分出十几种色调。所谓“九秋风露越窑开，夺得千峰翠色来”，宋以前越州窑作为青瓷的代表，就有“秘色瓷”之称，意指其釉色青色微浅，釉色透明幽美。青瓷窑系众多，釉色不一，恰如千峦叠翠，即便是龙泉窑系，釉色也富于变幻。北宋初期，龙泉窑青瓷釉层较薄，色调青中泛黄。直至南宋，龙泉窑青瓷薄胎厚釉的技法成型，并且发明和应用石灰碱釉，层层施釉，达到青碧如玉的艺术效果，成功烧制出了粉青、梅子青等含蓄隽永、富有代表性的釉色，标志着青瓷史上釉色高峰的到来。粉青釉是指在青绿釉中隐现粉色，其光泽淡雅柔和，色彩层次变幻微妙，温润内敛，状若碧玉。而梅子青釉釉色更深，视之若梅子初青时，由此得名。其釉层厚而透，釉质滋润凝厚，苍翠欲滴，青莹雅韵。

宋瓷的造型空前丰富，包含饮食器、陈设器、祭器等。除了碗、碟、杯等形制相对固定的基本饮食器具，其余如瓶、壶、炉等器具形制变化百出。或因实用所需，或为审美所求，既有时兴的种种样式，也有仿古的许多品类。整体来说，大都注重比例结构，讲究轮廓线条的转折变化，器型淳朴秀挺，往往作斜线形式，转折处明快圆润，器底厚重，圈足矮阔，重心在下，简约明快，而不失坚实稳重，体现出了清新洗练、秀雅端庄的形式美。

由于皇家和士大夫阶层追求单纯古雅、平和简素，官窑瓷器多追求洁净素雅，不事雕琢，故而宋时青瓷的装饰工艺多反映在民窑之中，龙泉窑即是代表。北宋时，龙泉青瓷釉层较薄，故而装饰主要为刻划花纹，中间填以蓖划纹做细节。比如常见的莲花纹，即以刀刻出莲花轮廓，以蓖纹表现叶脉筋络等细节刻划，笔简神具，融于器物整体之中，视之自然和谐。南宋时期龙泉青瓷薄胎厚釉的技法成熟，为配合厚釉层，装饰工艺也有革新，将雕塑的手法融入其中，采用凸雕、堆贴、模印贴花等手法，展示出了强烈的立体感，如龙泉凤耳瓶，瓶身光素无饰，两耳作凤鸟展翅欲飞，伏于瓶身肩部，增加了生趣，可谓点睛。

两宋时期的青瓷装饰题材纹饰千姿百态，大致可分为三类：一是花卉植物纹，以牡丹纹、莲纹、菊纹为主，形式上可分为缠枝纹、折枝式等；二是动物纹，以龙、凤、鱼、鸳鸯等寓意吉祥的形象为主；三是婴戏主题，以儿童为主题形象，展示浓厚的生活趣味，如执莲童子等主题形象。从制作程序的繁简上，又可分为两类：一类是须逐一做出每个纹饰的勾勒刻划，其绘制形象大多构图疏朗，简明潇洒；一类是可用模范做出图案，反复使用，这类纹饰往往构图满密，形象工整严谨。

正是由于宋代青瓷造型简洁，装饰平和，方能显现其釉色匀净稳定、滋润柔和，视觉上达到了如冰类玉的效果，故而在文学性的描述中，“玉”成了瓷器常见的代名词。如龙泉窑中的粉青釉，状若碧玉，在青绿色中隐约透出淡粉色，丰富了视觉效果，而梅子青釉似翡翠，浑厚含蓄，增强了釉色的层次感，达到了苏轼所说的“绚烂之极归于平淡”的美学意境，这正与中国自古以来文人士大夫修身以求“君子如玉”的美学理想相契合。正所谓“言念君子，温润如玉”“有匪君子，如切如磋，如琢如磨”，龙泉青瓷内敛如玉的青釉色恰如远山含翠，氤氲雾色中千峦叠翠，观之不免遐思，可谓“意在象外，言有尽而意无穷”。

三、宋代龙泉窑青瓷的艺术审美

宋代是个思想与艺术分外活跃、繁荣的时期，赵宋皇帝喜好艺术，加之唐代门阀制度的崩塌，科举制度使得文人士大夫有了更大的舞台，除了参与政事外，他们也热衷于艺术与生活，也是在宋朝，文人士大夫阶层活跃于文学绘画之中，同时，他们也将生活活成了艺术，喜好亲自参与制器，以器载其道。当时的焚香、插花、点茶、挂画，被称为“生活四艺”。在此背景下，宋代的日用器物不免被他们影响，在实用之余，也展现了“言有尽而意无穷”的精神追求。

两宋时期的龙泉青瓷兼具实用与艺术性，其优雅大方的造型，莹润如玉的釉色，温柔精致的装饰，都展现出了两宋时期特有的时代审美风貌。

宋代最大的时代思想风貌应当是“宋人好理”，理学的诞生兴盛，均是在两宋时期。宋初孙复等人讲“明体达用”，即是开理学先声。此后，周敦颐、邵雍等人援引佛、道入儒，形成了三教合一的新儒学，又经二程、朱熹等人，使得理学大成，“在天为命，在义为理，在人为性”，贯穿了宇宙论和伦理学。

在理学思想潜移默化的影响下，宋代文人士大夫投身艺术，作画、品画、玩古，体现出了“萧散简远”的艺术追求。在这种风潮下，制器所反映出来的美学趣味，则是谨严笃实、温润含蓄的艺术风格。两宋理学，虽然儒释道俱在，是一门“在世间”的哲学，而所谓“达则兼济天下，穷则独善其身”，文人士大夫在艺术追求时，可以暂时放下他们“以天下为己任”的自恃，追求“入山林，观天性”的“以天合天”。此外，院体画也不一味地追求工致巧丽、富贵堂皇，也希望通过绘画“格物”。所谓“形而上者谓之道，形而下者谓之器”，在制器上，龙泉青瓷在器型上舍弃繁复的装饰，力求简约而追求纯净的翠色，反映出了内敛含蓄的“淡”，这个“淡”，是庄子的“夫虚静恬淡寂寞无为者，万物之本也”，也是列子的“淡淡焉若有物存，莫识其状”，更是宋时文人士大夫寄情山水的豁然与旷达。而龙泉青瓷器型上的端雅稳重，正是儒学思想温柔敦厚、中正平和的反映，是宋代理学思想“以物观物”的反映。

可以看到，两宋时期的青瓷，与宫廷和上层社会联系得越紧密，其造型就越古雅静穆，装饰就越平和素简。这种情况出现在经济与科技高度发展的宋朝，不得不说，这正是当时特有的时代风貌的折射。

然而，如果说龙泉青瓷只是受到宋代理学思想和文人士大夫审美需求的影响，不免偏颇。两宋时期高度发达的经济以及宫廷院体画的艺术审美，也不免影响到了青瓷制器。或换言之，绘画一科对于青瓷制器的影响，也是显著的。宋代文人画和院体画并而立之，二者相互交融，共同发展，文人画力求于表现对于理想人格的精神追求，同时院体画也通过富丽堂皇的花鸟画和市井的世俗生活，以小见大，宣扬政通人和，国富民安。

正是受到院体画写实风格的影响，龙泉青瓷注重比例，构思精谨，画面组合严整，体现了工巧之美。在线条的处理上，龙泉青瓷注重粗细疏密结合，如北宋时期龙泉青瓷以刀刻划轮廓，蓖划纹雕琢细节。南宋龙泉盛行的凸雕、堆贴等技法，颇似花鸟画中的没骨技法，以“面”来凸显立体空间，笔不滞于物，却又以凹凸实体为物传神。花鸟画对于龙泉青瓷的另一个影响在于折枝花构图。“不是从来无本根，画工取势教摧折”，折枝花作为龙泉青瓷的主纹饰时，较之于传统花卉纹通过二方连续和缠枝纹形式达成井然有序的满密构图，删繁就简，富有动态，视之更加简约明快，清新恬淡。而在宋代迅速发展的风俗画也对龙泉青瓷的装饰题材有所影响，出现了大量的世俗化题材，展现出市井风俗和庶民情趣，传达了民众“托物”与“祈愿”之情，相较于士大夫阶层的“雅”，更显率真活泼，如表现婴孩嬉闹，寓意多子多福的婴戏图纹饰，以及由之而来所形成的定式——执莲童子形象。

总之，宋代是龙泉青瓷史上的顶峰时期，在迅速发展的同时，两宋的龙泉青瓷不免烙上鲜明的时代印记，反映了当时皇家、士大夫阶层，以及市井小民的审美意趣。

龙泉窑梅子青釉折枝花果纹六方梅瓶工艺赏析与经历初探

李奇　朱军　湖北省文物交流信息中心

湖北省文物交流信息中心（原湖北省文物总店）收藏了一件龙泉窑烧制的梅子青釉折枝花果纹六方梅瓶，系 1987 年 3 月 5 日该中心征集自湖北省蕲春县青石镇，1994 年 5 月 17 日经国家文物鉴定委员会专家组鉴定为国家一级（甲）文物。其精湛的工艺与可能的经历在遗存至今林林总总的龙泉窑瓷器中显得别具一格。

龙泉窑梅子青釉折枝花果纹六方梅瓶

一、工艺赏鉴

此瓶造型端庄、规整，直口，短颈，溜肩，鼓腹，下腹渐收，胫微撇，圈足宽平，内底部略显塌陷。通高 37.5 cm、最大腹径 25.5 cm、底径 13.3 cm、口径 6.7 cm、口高 2.5 cm。

底足

其胎体厚重，胎质灰白，圈足露胎处火石红色明显。釉色似青梅，即俗称的“梅子青”，器内施满釉，旋坯痕明显。釉层厚而略带透明，釉面光泽，玻璃化程度较高。外壁、外底局部附着有明显的土沁；其腹部主题纹饰为模印桃花、枇杷、菊花、茶花、芭蕉、牡丹等花果。肩部辅助纹饰系模印宝葫芦、阴阳板、交叉犀牛角、钱、珠、银锭等暗八仙及杂宝图案，并各自以花朵相衬托。颈部装饰乃刻划锦纹，底足部边饰为刻划芭蕉。从口沿至底足系六条竖向出筋遍布器身，肩部及腹下部分别乃横向双出筋。此种多层次装饰技法不仅完美地将该器物划分为六方图案，而且，也同时划分出口沿、肩部、腹部、底足部等二十四个纹饰区域。以上图案极富立体感且线条简练，主题突出、生动活泼、神态逸人。

综上可知，这件梅瓶为典型的明代早期龙泉窑高档制品。

一般认为，真正意义上的龙泉青瓷始烧于北宋。这个时期，龙泉窑生产的青瓷主要是模仿周边的越窑、瓯窑和婺州窑淡青釉刻划花瓷器。南宋早期，随着上述三窑的日趋衰落，龙泉窑开始异军突起，特别是南宋中期，龙泉窑在工艺上发生了重大变革，由传统的石灰釉变为石灰碱釉，釉面由薄而透明变为厚而乳浊。后者呈现出玉般的质感，被称为“粉青”和“梅子青”[1]。自此，龙泉窑形成了自己独特的风格，迎来了生产的鼎盛时期，产品销路广通，内销和外销都十分活跃，自然引起了宫廷与官府的注意，南宋临安城御街遗址、南宋六陵遗址出土的龙泉青瓷日用器，韩国新安沉船上出水的元代“使司帅府公用”铭文龙泉青釉盘等都可证明宋元时期龙泉窑已经在向宫庭和官府贡奉瓷器[2]。另有“龙泉青瓷进入宫廷的时间至迟在南宋中期，但是也不排除北宋晚期龙泉青瓷即已为宫廷服务的可能”[3]。

腹部折枝茶花纹

腹部芭蕉与折枝牡丹纹

肩部杂宝纹

[1] 故宫博物院器物部，《龙泉青瓷与历代宫廷的故事》，《紫禁城》2019 年第 4 期，第 71 页。

[2] 故宫博物院器物部，《龙泉青瓷与历代宫廷的故事》，《紫禁城》2019 年第 4 期，第 72 页。

[3] 项坤鹏，《龙泉青瓷在中国宫廷中使用的相关问题》，《华夏考古》2013 年第 3 期，第 116 页。

明代早期，龙泉窑与宫廷的关系更加紧密。这一点无论是文献资料、考古发现，还是传世器物都已经证实。其地位几与景德镇御器厂相类。《大明会典》载"洪武二十六年定：凡烧造供用器皿等物，须要定夺样制，计算人工物料。如果数多，起取人匠赴京置窑兴工。或数少，行移饶、处等府烧造。"从这则文献可知，龙泉与景德镇并列被定为供给宫廷瓷器的两处窑场之一，但是又有不同，景德镇设立的是御器厂，"制陶供上方，称官窑，以别民窑"，而根据目前的考古发现，龙泉窑场可能只是民窑窑户承担了制瓷贡御的任务。甚至可以理解为，在明初的宫廷用瓷体系中，龙泉窑场只是景德镇御器厂的补充，在景德镇生产能力尚未恢复，御器厂建构尚未完善之际，龙泉窑场担起了大量生产贡御瓷器的重任[4]。而到了明代成化时期，由于现龙泉地区乡民叛乱不止，龙泉窑瓷器的生产受到极大影响，质量也大不如前，加之景德镇仿制龙泉窑瓷器的水平已经相当高超，使得宫廷不再定制和使用龙泉窑瓷器。

在明代早期，龙泉窑按照宫廷所需产品的定样，生产了一批器壁厚重、制作精良、器形硕大、纹饰富丽繁华的各类器物，如梅瓶、玉壶春瓶、执壶、高足碗、盒、盏等。这批器物明显有别于一般的民间用瓷。在烧制工艺上仍然延续了元末的做法，但釉质较之元末的更加淳厚润泽，釉色葱绿。在装饰纹样上，出现了枇杷果纹、桃纹、芭蕉、串枝葡萄等纹样，装饰技法以刻画、印花为主，布局上铺满全器，较之元代器物，更显出华缛富丽的装饰风格。它们的造型纹样图案都可以从同时代的景德镇青花瓷中找到同类产品[5]。

再看这件梅瓶，无论是造型、胎釉还是纹样，都带有明显的明代早期龙泉窑官器的特征。

---

[4] 项坤鹏，《龙泉青瓷在中国宫廷中使用的相关问题》，《华夏考古》2013年第3期，第118-119页。

[5] 任世龙，汤苏婴，《中国古代名窑系列丛书——龙泉窑》，江西美术出版社，2016年6月第1版，第63页。

故宫博物院藏明代永乐青花折枝花果纹梅瓶

二、经历探究

那么，既然是一件官器，为何后来会出现在湖北蕲春的乡野？民间征集的文物往往没有可以参考的确凿证据来证明它们的经历，但通过研究发现地的政治、社会、经济发展历史可以推测出它们可能的身世。

明代建立后，明太祖朱元璋秉承“藩屏王室”，洪武二年（1369）四月，令中书省编《祖训录》，定封建诸王国邑及官属之制，分封宗室，辅强中朝，初步建立起明代的诸王分封制度。明代所实行的封藩制，是一种宗亲分封的宗藩制，它与西周的“封建亲戚，以藩屏周”（《左传·僖公二十四年》）有所不同，并吸取了汉、晋由裂土封王而造成危害朝廷的教训，其特点是“分封而不锡土，列爵而不临民，食禄而不治事”（《明史·列传八·诸王五》），以此来确保中央政权的安全。[6] 据统计，明朝自太祖至神宗总共有 37 位皇子开府京外，其中 31 人皆曾传之子孙，加上袭封诸王，明朝共有藩王 266 位，而湖北境内共有藩王 44 位，先后累计受封藩号 12 个[7]。

在湖北的藩王里，就藩蕲州（今蕲春）的荆藩王是传承世代最久的。首封荆王朱瞻堈，是明仁宗朱高炽庶六子，永乐四年（1406）出生，永乐二十二年（1424）封荆王，宣德四年（1429）八月就藩江西建昌府，府治在今江西南城县。正统十年（1445），荆王将藩地迁至湖北蕲州。自此，荆王世袭十代，荆王之下又分封郡王十一支，郡王之下又有将军、中尉数十人，一直生活在蕲春，直至崇祯十五年（1642）十二月，张献忠攻入蕲州城，火烧荆王府，结束了荆藩宗室在蕲州 198 年的历史[8]。

这 198 年里，荆藩宗亲去世后大多安葬在蕲春境内。按照明代与藩王宗室对应的葬仪，这些墓葬里存在有大量各类随葬品。其中，瓷梅瓶最为常见，这源于唐宋，甚至更早出现的以谷物、酒醴等随葬的民俗类葬。各种盛贮酒醴的罐或瓶虽然形式各异，装饰不同，显示了不同的时代风貌，并且具体安放、使用方法也不尽相同，但其基本功用却是一致的，都是为了招引、安顿墓主灵魂。据徐苹芳先生考证，《大汉原陵秘葬经》中盛放三浆水的器物就是宋金时期南北窑场中比较多见的经瓶即梅瓶。事实上，仪瓶可能也是梅瓶[9]。在同为明代早期藩王的郢

[6] 湖北省考古研究所，钟祥市博物馆，《梁庄王墓》，文物出版社 2007 年 3 月第 1 版，第 208-209 页。
[7] 倪毅，《金玉默守——湖北蕲春明荆藩王墓珍宝·图录》，中国书店 2016 年 7 月第 1 版，第 1 页。
[8] 倪毅，《金玉默守——湖北蕲春明荆藩王墓珍宝·专论》，中国书店 2016 年 7 月第 1 版，第 2 页。
[9] 倪毅，《金玉默守——湖北蕲春明荆藩王墓珍宝·专论》，中国书店 2016 年 7 月第 1 版，第 30 页。

明郢靖王墓出土的青花“四爱图”梅瓶和青花龙纹瓶

靖王及其王妃位于湖北钟祥的墓内棺柩头前的地面上（棺床下方），分别放置青花龙纹梅瓶和青花“四爱图”梅瓶[10]。明代藩王陵墓中梅瓶随葬应该具有葬仪的意义，它们是宋元时期“仪瓶”类器物的赓续[11]。

由此可见，像此件梅瓶一类的明初或至早元代生产的高档瓷器多为明初皇室宗亲或功臣墓的随葬品，它们由皇家赏赐或由自己专门定烧[12]。

此件梅瓶之所以流落民间，可能是早期从荆藩墓葬里出土所致，从其外壁、

[10] 湖北省考古研究所，荆门市博物馆，钟祥市博物馆，《郢靖王墓》，文物出版社 2016 年 1 月第 1 版，第 222 页。
[11] 倪毅，《金玉默守——湖北蕲春明荆藩王墓珍宝·专论》，中国书店 2016 年 7 月第 1 版，第 30 页。
[12] 湖北省考古研究所，荆门市博物馆，钟祥市博物馆，《郢靖王墓》，文物出版社 2016 年 1 月第 1 版，第 223 页。

外底局部附着的土沁可见一斑。对于荆藩墓葬的情况，明嘉靖、清康熙、乾隆三个时期的蕲州方志有记载，此外还有朱氏后人所编宗谱《荆藩家乘》的记载。明末荆王府被焚毁后，荆藩后裔四处逃散。其中逃散在蕲春大同镇的一支在当地聚族而居，世代相传。乾隆十年（1745），当地荆藩后人开始创修宗谱，此后，又经嘉庆、道光、光绪及民国时期的多次续修，具有很高的史料价值。根据这些史料结合实地考察，当地文物工作者发现，大泉山脉是荆王宗室成员墓葬的集中区域。在该区域，荆藩宗室墓有 49 座，包括荆王、郡王、将军、中尉各个等级，但从明末开始至今，不少墓葬因历史上的盗掘、开荒、农耕、水利等种种原因遭受毁坏[13]。随葬品随之出土是很常见的事。

结语

龙泉窑的瓷器烧制生生不息，已逾千年。其身影，从广度上看，龙行天下，遍布世界各地；从深度上看，上达宫廷禁城，下至百姓人家。时至今日，形成了巍巍壮观的历史文化群体，而这件梅子青釉折枝花果纹六方梅瓶无疑是其中很特殊的一件。目前，笔者从已经查阅的资料来看，尚未发现与之工艺相同或相近的器物或标本。围绕着它还有一些未解之谜，如它的烧制地是不是明代早期龙泉官器通常的烧制地大窑枫洞岩窑，或者是什么别的地方？它究竟是宫廷赏赐还是专门定制？首位主人是哪位荆王？它是哪位荆藩宗亲墓葬的随葬品？它出土的具体时间、地点，出土后的流散经历是什么？上述问题尚需等待进一步的窑址考古发掘、发现地调查、文献查阅的成果来解决。

---

[13] 倪毅，《金玉默守——湖北蕲春明荆藩王墓珍宝·图录》，中国书店 2016 年 7 月第 1 版，第 8 页。

探析宋代龙泉窑青瓷碗的发展及演变
——以龙泉金村窑址群为例

聂花菲　龙泉市博物馆

一、引言

陶瓷在中国已经存在了千百年，不同于玉器和青铜器，它是有别于艺术品的工艺产品，与日常生活的需求息息相关。尤其进入宋代以后（宋代被称为“瓷的时代”），玉器、青铜器的主流之用仍在其装饰功能及象征意义上，其艺术化特征更为明显，陶瓷则取而代之成为日用品的首选材料。作为日用的工艺品，瓷器的各种功能形态被不断地开发出来。

碗作为饮食器中的必需品有着长久的发展历程，人们对于“碗”的要求日益增长。尤其到了宋代，集前朝历代之型并加以创新，不仅能满足功能需求，还能满足装饰性的各类碗式，在宋代以后的几百年中，碗的形制依然大抵如此。

基于此，本文试图以龙泉金村窑址群出土器物——碗为主要分析对象，探究宋代龙泉窑青瓷碗的发展及演变，尝试分析其形制出现及变化的主要原因，以及碗这一器物得以流传的实用价值及审美意义。

二、宋代龙泉窑青瓷碗的器型流变及功用

陶瓷碗作为典型的日用工艺品身份出现，其诞生不是突然的，它的每次形变及新样式的产生都离不开功能性的催动，以此满足人的装盛需要。对于碗的功能演变，除了基本的装盛功能需要满足外，装饰功能也在不断地被提出。从原始先民创造碗这一产品开始，就对如何创造器物器型这一问题开始了深入的探索和思考，最终以追求功能美和形式美的有机统一。

（一）器型流变

红山文化中出现了很多陶碗，有鼓腹碗和折腹碗，但折腹碗随着时代的变迁逐渐被淘汰，而鼓腹碗的造型却一直影响至今，非常接近现代碗的造型。这说明红山文化使用的陶碗也是经过人们不断地实践验证并加以改进后的造型，直到找到最适合人们进食的一种功能形态。这也证明了碗的实际使用效益决定了它是否可以被沿用。

仰韶文化中出土了大量的陶碗，数量很多，造型多样。这个时候的人们似乎已经认识到了如何制作出最科学的食用器造型，由此产生了以下几种类型的碗：曲腹型碗、直壁大口假圈足型碗、大口平底碗、敞口型碗和斗笠型碗。这些碗的造型都和现代的造型非常相似。尤其是敞口型碗在金村窑址群中出土的数量为最多。

六朝以后瓷器进入成熟阶段。铜器、玉器、铁器淡出日常使用，瓷器真正走入人民的生活，成为最常用的饮食器具。这时候碗的造型基本是口沿部位的改变，主要有敞口、直口、侈口、敛口等，腹部的弧度也多样起来，几乎囊括了所有朝代碗的腹部造型。

唐代碗造型更加繁复，这主要基于其对口沿的设计更加多样，对于底足也有更多的设计。其中，浅腹、深腹、弧腹代表了唐代瓷碗的基本造型。

宋代就龙泉金村窑址群出土的瓷碗来看，两宋时期最多的便是敞口碗，其次是斗笠碗和侈口碗。

元代主要是墩式碗，青花大碗，鸡心碗，除此之外，折腰碗和高足碗是元代的新器型，这主要受游牧文化和饮食习惯的影响。元、明、清以后的碗造型较前代没有太大的差别，更多的是在釉色和纹饰上加以创新，例如，永乐时期的青花碗，清朝的五彩大碗等，如下图所示。

（新石器时期）红陶平底碗

（五代）青釉葵瓣口碗

（唐）青釉玉璧形底碗

（宋）青釉刻花婴戏纹碗

（明永乐）青花菊瓣纹碗

（清雍正）五彩人物纹碗

（二）碗的功能性造型发展

古往今来，通过观察不同历史时期中碗的造型，笔者发现，这些碗在造型发展中的一些形态规律。杭间在《手艺的思想》一书中曾提到过，关于碗的功能要求大概有以下几点：容器，用来装盛，其次作为直接接触嘴巴的容器，它的口沿、尺寸、形状、重量、触觉等都应当成为设计考虑的重点因素。从杭间先生的这段分析中也可以看出，对碗的功能美和形式美，从来都是一种追求。

例如，前面提到的红山文化中的折腹碗之所以被淘汰的大致原因是其造型不符合人的手握方式，或相对沉重。而敞口碗和直口碗的特征之所以得以保留，正是因为敞口碗和直口碗便于食物冷却，而冷却速度却又不会过快，这正是符合了人们进食的要求。再如，六朝时期、唐代的碗，其底足大多是平底实足，这种底足的出现正是因为以前人们坐在地面上进食，碗也随之放在地板上。进入了六朝之后，由于桌子的出现，人们将碗放在桌面上吃饭，碗底的实足的隔热作用就不大了，所以出现了更多的假圈足和平底。

唐代之后，碗的造型已经大抵稳定，但对于碗的具体功能要求更多，且不仅需要满足功能要求，还需要具有审美性。因此，口部造型多了一些花口、莲瓣形、菱形等。除此之外，碗的腹部弧线也更加精致，底足花样也越来越多。

进入宋代以后，饮茶风尚更是流行。碗的功能经常兼具茶器和饮食器两种，且其装饰形态也迎来了高峰时期。可以说宋代碗的器型之所以能够登上顶峰，离不开前朝历代留下的经验及科学的设计认知，更取决于宋代传统价值理念的传承，瓷器工艺的重大突破，思想文化的交流渗透。

三、宋代龙泉窑青瓷碗的造型特征

金村窑址群出土的青瓷碗多数都产自宋代，因此本节主要针对出土的青瓷碗进行阐述和分析，力求总结出宋代龙泉窑青瓷碗的造型特征。

根据器型对其出土碗具进行大体分类，出土由多至少依次为敞口碗、侈口碗、斗笠碗、花口碗，还有一部分为不明式碗，如下图所示。

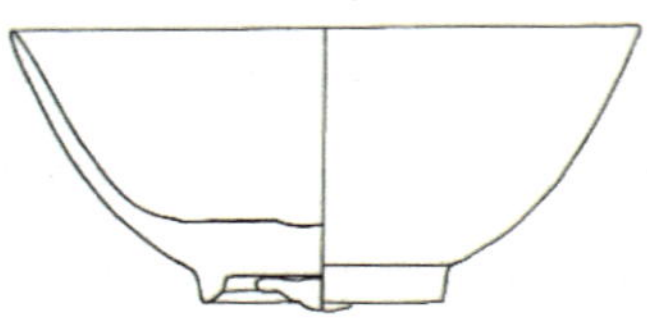

①敞口碗

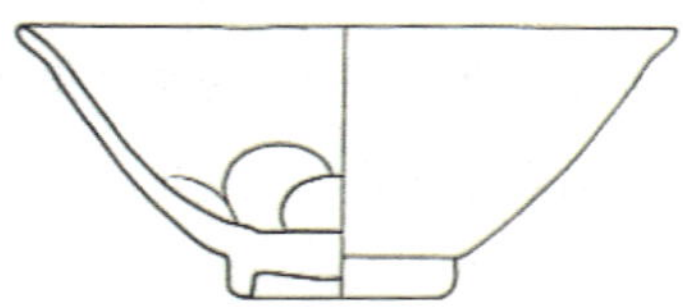

②侈口碗

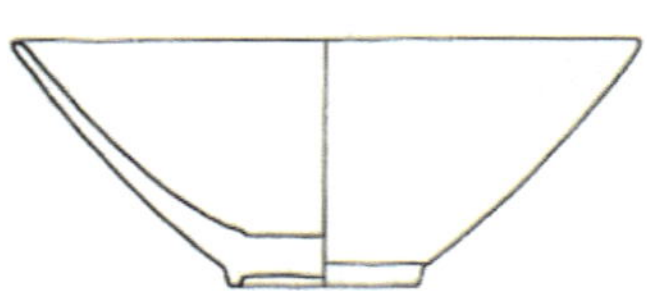

③斗笠碗

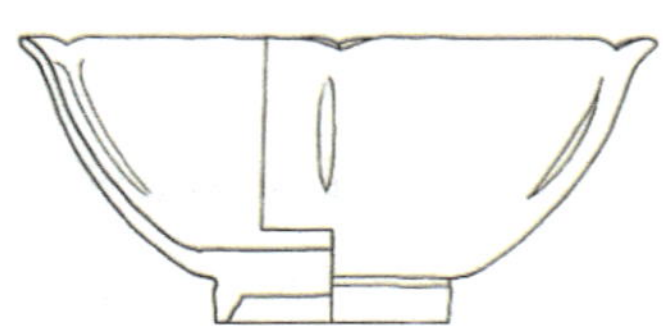

④花口碗

首先从功能形态上进行分析：就口部特征上来看，宋代碗的口部特征几乎包括了我们所能见到的所有陶瓷碗的造型特征。撇口、侈口、敞口、花口都有，这些形态的出现都是针对器口以及器壁做出的造型设计，考虑的主要因素是与嘴巴产生接触时的舒适度。尤其是敞口和侈口两种口部形态可以追溯到之前的新石器时期，说明这种口部特征一定程度上符合人体工程结构。另外，宋代也有很多其他造型的碗的口部，如由于宋代的烧成技术有了创新而烧制出的芒口碗，在北宋时期采用了覆烧工艺，其目的是既能够提高产量，也能够避免高温下发生形变，但南宋之后没有继续使用，这也主要是由于芒口处无釉，触之涩口，所以在南宋以后装烧方式就又改为一匣一器烧制了。

以出土最多的敞口碗为例，北宋早中期的敞口碗口部张开的尺度更大，高度明显低于口部直径，出土的较多敞口碗器型并没有十分工整，除了口部大小不一外，其腹部更多的是以浅弧腹为主，其弧度并不大，底足造型基本一致，垫烧方式一致。而到了南宋早中期。其敞口碗的形制似乎更加多样，口部的尺寸不一，腹部的弧度加大，有时会出现一些斜腹或者深弧腹，大多数腹部变得稍大。到了南宋晚期。碗的形制从造型到刻饰都逐渐统一。既没有北宋早期腹部的那般直，也没有南宋早期的深腹，猜测应当是结合了两者之后进行的器型改良，使得这时的器型使用更为科学合理，尺寸比例基本上都是高度略小于口径，这样的器型尺寸和腹部处理是更加符合人手部的生理结构，合理的腹部深度使人们抓握更加灵巧、稳固，且敞口的大小能够更合理地配合嘴巴的张开程度，对于人进食这一活动来讲，是更加科学舒适的。

接下来从装饰功能方面进行分析。作为日用器物，装饰形态需依附于功能形态而存在。因此，碗的装饰形态需同时满足功能形态。对于宋代的青瓷碗而言，较为明显的是圈足的精致、胎体的轻薄以及刻划纹饰的丰富。精致的圈足不仅体现了宋代青瓷碗制作水平的高超，视觉审美的提升，而且更重要的是，这种圈足非常适合人们日常使用，平底碗不易手拿，放在桌子上使用时并无大碍，但拿握时容易滑落且容易造成烫伤，当有了精致的圈足后，拿在手中吃饭时不仅更加稳当而且隔热效果更好。其次是胎体的轻薄，胎壁越薄其重量越轻，其外在造型也会更加精美。最后是刻划纹饰的出现。以南宋后期出土最多的莲瓣纹碗为例，莲瓣刻划纹不仅迎合了当时的政治需要、宗教文化、时代审美，它的出现也具有实用意义：刻划的花瓣凹凸不平，能够增加手在拿握时的摩擦力，还可以增加坯体的稳定性，防止烧制时坯体过薄而发生变形，不仅造型大方，寓意美好，而且满足了其功能形态的需求。

四、宋代龙泉窑青瓷碗的装饰特征

北宋龙泉青瓷碗的整体装饰纹饰飘逸灵动。装饰花纹的构图早期相对单一，但到了后期，变得越来越丰富。整体的审美仍是高雅清新的。

从金村窑址群试掘出土的遗物可以看出，青瓷碗在北宋早期的时候多是内外皆素面或仅一圈弦纹装饰。此外，较多的是素面半装饰面，外腹素面，在弦纹一圈之后，内腹最中心部位刻划花卉纹，花纹装饰以蕉叶纹居多，如图一所示。还有部分出土的青瓷碗是内素外饰，外腹部装饰有弦纹一圈后，然后再装饰上花卉纹或者折扇纹，但内腹为素面，如图二所示。对比北宋早中期的碗和盘有着不太相同的风格，盘类大多是内外皆有刻划，装饰有花卉纹，碗则更多的是单面装饰。

北宋晚期以后，青瓷碗的装饰虽然单面纹饰的仍然较为多，如图三所示，但外腹新出现了折扇纹样。另外，发现在北宋晚期开始出现双面装饰的碗，且外腹基本都是折扇纹，内腹饰以花卉纹，如图四所示；或者外腹饰折扇纹，内腹装饰弦纹后不再装饰其他。

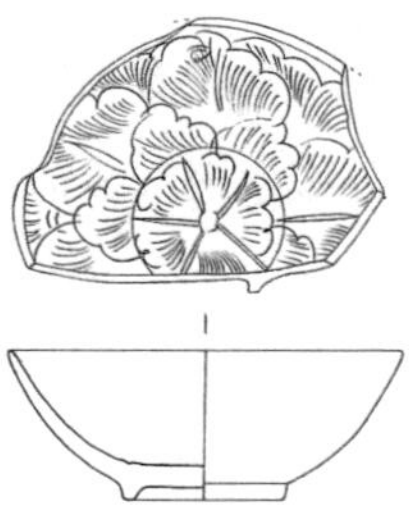

图一

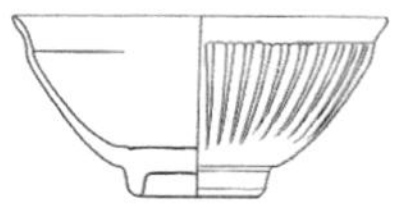

图二

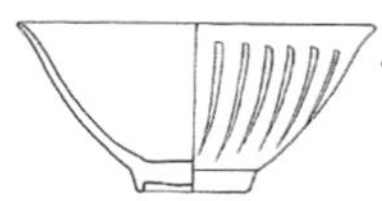

图三

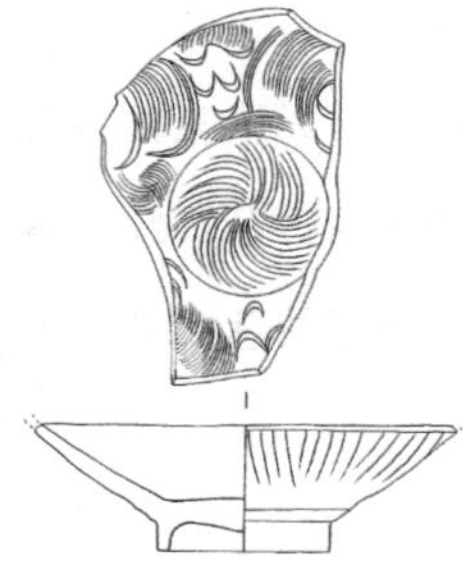

图四

从南宋早期开始，单面刻划花卉纹仍有出现，同时双面刻划花卉纹的青瓷碗也大量出现。一般在碗的内腹都会装饰上花卉纹，再填以篦划纹，如图五所示。另外，在这一时期发现碗的内腹开始出现荷花、荷叶纹样，北宋早中期这种纹饰基本没有发现。如图六所示，南宋早期的大量敞口碗和侈口碗基本都是外饰折扇纹，内饰荷花、荷叶纹加以篦划纹，当然也有部分碗虽然是内外腹皆有装饰但略为简单，仅以弦纹装饰。另一个需要特别提及的是南宋早期侈口碗的装饰特点，在金村窑址群的 Y-A3-17TG1 窑址处发现了很多侈口碗，外腹饰莲瓣纹，填以直条状篦纹，如图七所示。从图上就可以看出，这时的外腹刻划莲瓣纹特征已经明显，故笔者在此大胆推测，这可能就是南宋晚期大量莲瓣纹碗出现的直接原因。

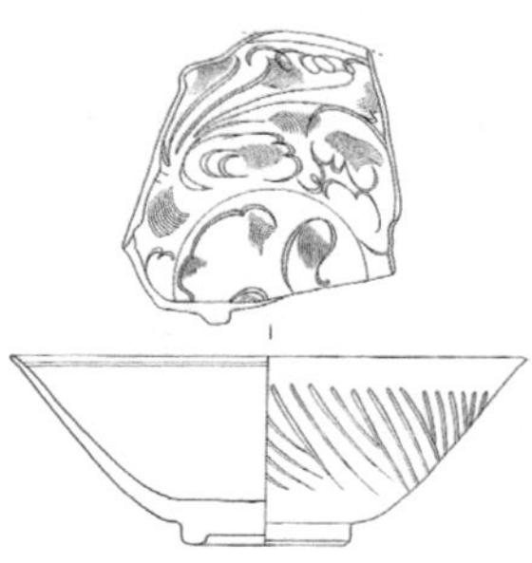

图五

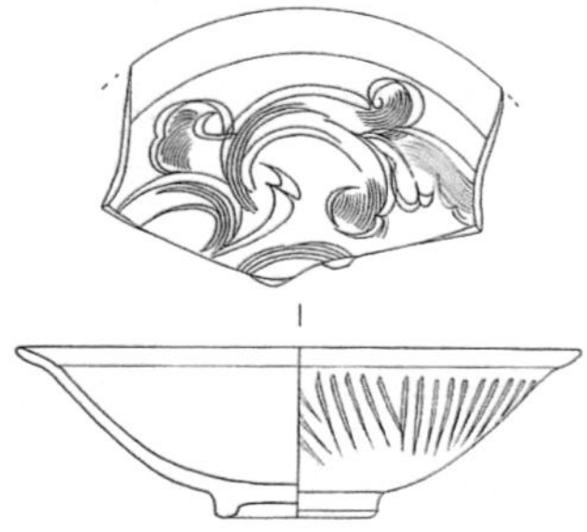

图六

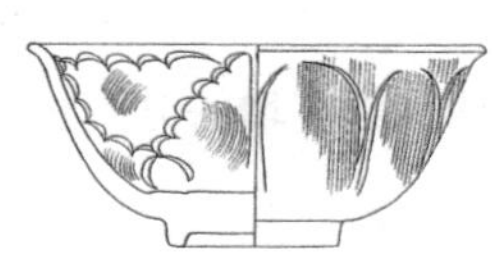

图七

金村窑址出土的南宋中晚期的碗数量较少，已出土的碗以敞口碗居多。装饰主要是通体素面青瓷碗，或者是单面刻划花卉纹青瓷碗。中期的单面主要是外腹素面内腹花卉纹，内心也装饰花卉纹。晚期之后，碗底装饰多外腹素面或装饰瓣面较宽的莲瓣纹，内腹及内心皆为素面。

五、宋代龙泉窑青瓷碗的审美特征

北宋早期的青瓷碗清新淡雅，釉层极薄，淡青的釉色配上简单的纹饰，深而清晰，布局严谨，已经出现了清晰明快、自然流畅的艺术风格，这也正契合了宋代崇尚的道家思想，较为简约的花瓣纹饰以及考究的器物造型是对“大道至简、崇尚自然”等审美思想的直接体现。

南宋时期碗的造型和纹饰都开始统一和考究，充分体现了宋代严谨、科学的制瓷风尚。从出土的宋代青瓷碗中不难看出，当时陶瓷碗的造型已经趋于规范，具有一定的形制标准，这正是在学习了前代众多碗的造型后制作出的科学、合理且美观的碗具造型，是更加符合人的日常使用的碗具形态。其造型虽然没有了前代的复杂多样，但满足了人们对于一只青瓷碗的物质和精神层面的双重追求，久用不厌，这也正体现了宋代典雅、平易的审美风格。宋代在程朱理学及复归平淡等一系列美学思想的影响下，所创造出的青瓷碗具无论造型还是纹饰都具有一种朴素平和之美，这种美是雅俗共赏的，是无论民窑还是官窑器物都具有的一种审美特征。

宋代小到一只小碗大到一件梅瓶，每件器物的尺度和比例都恰到好处，真正达到了“增一分则长，减一分则短”的完美地步，这也正是宋瓷被人们追捧至今的原因所在。可以说其造型的简洁优美，线条的流畅自然，装饰的生动婉转，都是宋人孜孜不倦探究的结果。宋代人不仅汲取了前人的成功经验，更有了自己对于器物本身存在价值的考量和创新。典雅平易的艺术风格，使人感受到了一种宋代独有的理式美学。

六、结语

饮食餐具——碗能够体现出一个国家的文化品味、文化价值以及文化审美。宋代龙泉窑的青瓷碗正是体现了宋代的制瓷工匠对普罗大众生活的感悟，他们通过自己的手艺将工艺之美渗透进每一只碗中。这种工艺之美以实用为基础，不仅使得碗的造型在功能和审美上都几近完美，并且开创了新范式，为后世提供了美惠人间的优质设计理念。碗的每一个造型都能够和日常生活相互交融，成为一种独特的民族审美体现。这些优秀的工艺品能够引导我们创造出功能与审美融为一体的实用产品，真正将生活艺术化，将艺术生活化。

北宋龙泉窑五管瓶赏析

沈子珍　龙泉市博物馆

一、引言

龙泉，地处浙西南浙闽赣边境，境内丛山耸峙，溪流纵横，风光秀美，瓷土资源蕴藏丰富。在大自然的眷顾下，勤劳智慧的龙泉人经过世代的探索与努力，生产出翠如苍山、润似美玉的龙泉青瓷，为中国和世界奉献出最美丽的青瓷之花。

龙泉青瓷创烧于三国两晋时期，五代前属初创时期，产品缺乏自身特点。北宋已初具规模，龙泉窑风格明显，南宋和元代为鼎盛时期，明代规模不减，清代逐渐衰落，但未停烧。宋元这一鼎盛时期，制瓷技艺登峰造极，形成了一个以龙泉为中心，向四面八方辐射、窑场众多、范围很广的瓷窑体系，经考古调查发现古窑址600多处，其中龙泉境内400多处。出现了“瓯江两岸瓷窑林立烟火相望，江上运瓷船舶来往如织的繁荣景象”，龙泉成为当时中国的“瓷都”。

龙泉窑产品种类繁多，型制多样，仅瓶类就有凤耳瓶、贯耳瓶、玉壶春瓶、八角瓶、梅瓶、盘口瓶、长颈瓶、五管瓶、龙瓶、虎瓶等，其中颇具特色的五管瓶成为北宋龙泉窑瓷器的一大亮点。

二、五管瓶的前身

五管瓶是一种冥器，这一器型最早可以追溯到东汉时期，当时称之为五联罐。因其造型是在一个瓶子的口沿和肩部塑以五个葫芦形小罐而得名，五罐与器物的腹部相通。浙江上虞博物馆收藏的东汉五联罐（图一），器物口沿和肩部托着五个小罐，器腹相粘连，器身以多道弦纹作为装饰，釉色青，釉层极薄，应为年代较早的五联罐。随着时间的推移，五联罐的罐身开始变高，犹如葫芦形，中罐较前期增大，其余四罐稍小于中罐，并贴近主罐口。如浙江慈溪博物馆收藏的东汉越窑酱釉五联罐（图二），器物肩部四个小罐紧密地围绕着中间大罐，器物腹部和肩部刻划简单的弦纹装饰，施酱釉，釉面不匀。

图一

图二

三国两晋时期的五管瓶，又称为魂瓶、谷仓罐、堆塑罐。这一时期的魂瓶，器型上保留了五联罐的一些特点，又在五联罐的基础上，堆塑了一些人物、飞禽走兽、亭台楼阁等形象于器物的肩颈部。堆塑罐主要为越窑烧制，流行于三国、东吴和西晋时期。浙江上虞博物馆收藏的三国青瓷堆塑罐（图三），主体呈葫芦状，四个细长的盘口小罐依附于中罐四周，在四个小罐之间，堆塑着大量的鸟兽图案以及八个神色各异的胡人，他们手持乐器，或笛或鼓或琴，不亦乐乎。南京市博物馆收藏的西晋青瓷堆塑人物楼阁魂瓶，瓶上部堆塑了一组建筑，分为上、下两层。上层为一院落，院墙正中开设对称的大门，四角各有一个角楼。院内中央为一座四角攒尖顶的二层楼房。下层堆塑一座二层的门楼及立阙。另有佛像、立熊、飞鸟、胡人骑兽、持物俑、伎乐俑等分设其间。下部为瓶身，肩腹部贴塑立熊、麒麟、胡人骑兽、伎乐俑等。它反映的是一定时期内长江中下游地区的民俗文化，记录的是当时社会生活的珍贵史料。

至唐代，流行于三国两晋的堆塑瓶不见踪影，继而出现了简约大方的多角瓶。现藏于浙江上虞博物馆的唐代青瓷多角瓶（图四），带盖，盖面微隆，盖

图三

图四

图五

顶堆一钮；瓶身由上而下分为三级，每级弧角处均匀堆塑四角，角尖朝下逐级交叉错开，瓶下腹内收，釉不及底，平底。浙江省庆元县出土的五角瓶（图五，现藏于龙泉市博物馆），复钵形盖，盖顶带卷边荷叶形钮，盖缘和盖中部各粘水波形泥条一圈。瓶子口，直颈，溜肩，鼓腹，下腹斜收，肩部至腹部饰水波纹泥条四圈，其中第一圈泥条上均匀分布五角，角尖朝上。在浙南地区，“角”与“谷”在方言上的发音极其相似，五角寓意“五谷丰登”，也预示着多角瓶是一种盛放粮食的冥器。

三、北宋龙泉窑五管瓶

北宋时期，农业、手工业和商品经济有了较大规模的发展。据《梦梁录》记载："是行都之处，万物所聚，诸行百市，自和宁门杈子外至观桥下，无一家不买卖者，行分最多，且言其一二，最是官巷花作，所聚奇异飞鸳走凤、七宝珠翠首饰、花朵、冠梳及锦绣罗帛销金衣裙，描画领抹，极其工巧，前所罕有者悉皆有之。"工艺美术在这一时期可以说是自下而上地发展起来的。在这一时期，龙泉青瓷进入了初具规模的快速发展状态。

在吸收了五联罐、五角瓶风格的基础上，五管瓶在北宋时期有了新的发展，成为宋代极具特色的典型器型。这一时期的五管瓶通常在瓶的上腹及肩部做分级处理，呈自下而上逐级渐收，一直收至瓶口，常见的为三到五级。各级外形呈弧角或折角，于肩部或腹部之间粘结五到十五个不同数目的管子，称为多管瓶（图六），管口与瓶口持平或稍矮，管中空，但与瓶身不通。因五管是最为常见的，所以多管瓶又被约定俗成地称为"五管瓶"。

图六　多管瓶

北宋时期的五管瓶，瓶身为鼓腹式或多级塔式，器型的发展经历了丰满——肥矮——清瘦的过程，大致可分为以下几个阶段。

图七

北宋早期，五管瓶器腹上部较为丰满，最大腹径在上腹部，泥点支烧，釉色淡青。1976 年查田镇墩头村出土的北宋早期覆莲瓣纹五管瓶（图七，现藏于龙泉市博物馆），瓶高 42 cm，瓶身高 31.2 cm，口径 8.2 cm，最大腹径 20.5 cm。盖分三层，上层捏呈出水荷叶状的钮座，荷叶中央为花蕾形盖钮，中层为半浮雕状覆莲瓣纹，莲角外翘，瓣面填以叶脉纹，蒂部呈池糖形，塘内堆塑四只水鸭作悠悠戏水状，其中两只嘴衔小鱼作食式，另两只则作觅食之态，鸭翅有张有合，如扑如栖，体态逼俏，生意盎然，富有浓厚的江南水乡风味。下层做圆筒形，是为盖口。瓶子口，直颈，折肩，圆腹，圈足。肩腹之交贴水波纹泥条一圈，肩部均匀分布六面体荷茎状五管，管端呈四齿，管微内弯，与器口平行。肩部饰如意云纹，腹上部饰半浮雕装五层覆莲瓣纹，瓣瓣起筋，瓣内填以叶脉纹，下腹部饰六条直棱双线，线间各饰一朵变形的如意云纹，足内施釉，足端泥点支托，外无釉。这件五管瓶制作精细，构思巧妙，通身以莲花作为装饰主题，反映了当时社会盛行的佛教文化。

北宋中早期，五管瓶的形制为“矮胖丰满”。这一时期的五管瓶，颈部较短，腹部呈椭圆形，最大腹径下移到腹中部，腹部做分级处理，自下而上逐级渐收至瓶口。现藏于龙泉市博物馆的一件多管瓶（图六），盖缺失，高 25 cm，口径 8.3 cm，最大腹径 18.3 cm。直颈，器身肥矮，分为十级，圈足。第二级上安七个六边形花口管，管口微内收，略低于瓶口。第三、第四级饰复仰莲纹，第五级饰对称弧线形图案十处。施薄釉，釉色青。这件多管瓶腹部分十级，是目前出土的多管瓶中分级最多的一件。

图八

图九

到了北宋中后期，五管瓶由肥矮丰满向纤瘦修长的方向发展。这一时期的五管瓶，器身呈橄榄形，最大腹径在腹中部或中部以下，器身拉长，看上去修长秀丽。现藏于龙泉市博物馆的一件五管瓶（图八），其盖内墨书铭文“庚戌十二月十一日太原王记”（图九），北

图十

宋庚戌年即北宋神宗熙宁三年，公元1070年。这件五管瓶高32.7 cm，口径5.8 cm，最大腹径15.8 cm。盖做斗笠形，盖顶安葫芦形钮，盖面饰以蓖纹。瓶直颈，上腹部分为四级，自下而上逐级递收，每级饰斜蓖纹，方向逐级错开，第一、第二级间均匀安五管，管口微内弯，下腹部饰仰莲瓣纹，瓣内刻划蓖纹，圈足。釉色青中带黄。

北宋晚期，五管瓶继续保持了纤瘦修长的风格，但是在器身上的分级逐渐减少，到了北宋末年，出现了只分两级的五管瓶。如现藏于龙泉市博物馆的北宋末年五管瓶（图十），斗笠形盖，直颈，肩部分两级，第一级、第二级间安圆形五管，腹部呈筒形，下腹内收，圈足。釉色青，釉层较前期厚，釉面开片。

四、北宋龙泉窑五管瓶的文化内涵

五管的寓意。关于五管瓶装饰五管的寓意，可以追溯到五联罐时期。东汉学者王充在《论衡·薄葬篇》中提到："谓死如生，闵死独葬，魂孤无副，丘墓闭藏，古物匮乏，故作偶人一侍尸柩，多藏食物以歆精魂。"五联罐是对汉代谷仓随葬风俗的继承和变革，它象征着谷物充丰，能最大限度地满足灵魂的需求。唐代的多角罐，也因江南地区方言"角"与"谷"发音相同，寓意"五谷仓贵"。现藏于龙泉市博物馆的一件五管瓶，瓶盖内侧墨书铭文："张氏五娘，五谷仓贵，上应天宫，下应地中，荫子益孙，长命富贵”（图十一）。说明五管瓶是用来盛放五谷杂粮，随墓主人入土为安，为后世祈福。古人祈福，无非福、禄、寿。中国自古以来就是农业大国，对于古代先民来说，粮食是最大的财富，唯有“五谷丰登”才能“安居乐业”，“国泰民安”。以谷物随葬，体现了古人希望子孙后代五谷丰登，多添福禄的厚望。再者，“五”是古代的吉祥数字，有“金、木、水、火、土”五行，“仁、义、礼、智、信”五德，又有五子登科之意，五世其昌、五风十雨等，它反映了人们既祈福于死者天宫地中之灵，丰衣足食，又祈求死者在天之灵庇荫子孙吉星高照，官运亨通，祈福国家风调雨顺，享太平盛世。

北宋龙泉窑青瓷五管瓶

图十一

五管瓶与莲瓣纹。五管瓶的整体造型体现了浓厚的民族文化，其装饰纹样上包含着强烈的精神信仰。在五管瓶的装饰纹样中，用得最多的就是莲瓣纹的装饰。唐代以来，佛教文化盛行，唐代诗人杜牧就在他的古诗《江南春》中写道：“南朝四百八十寺，多少楼台烟雨中。”佛法兴盛，可见一斑！北宋早期的覆莲瓣纹五管瓶，以莲花水池作盖，直至中晚期，也常见五管瓶下腹部以仰莲纹装饰，寄予了子孙后代希望逝者能在莲花里“净生”“往生”，成为极乐世界的一员。再者，古往今来，莲花一直以其“出淤泥而不染”的高洁品质，成为历代文人墨客称颂的“君子花”，以莲瓣纹装饰五管瓶，也体现了亲人对逝者的高度敬仰和赞颂之情。

龙泉市博物馆近年新入藏古代龙泉青瓷典型器简析

田力　龙泉市博物馆

一、引言

在中国制瓷历史上，龙泉窑是延续烧制时间最长、窑址分布最广、生产规模和外销范围最大的青瓷名窑，其青瓷产品不仅行销全国各地及供宫廷御用，而且自宋代起通过陆路和海路远销亚、非、欧五十多个国家和地区，作为主角之一的身份参与了古代海上丝绸之路。2009 年，龙泉青瓷烧制技艺被联合国教科文组织列入人类非物质文化遗产代表作名录，成为目前“人类非遗”库中唯一一个陶瓷类项目，填补了陶瓷类的空白。

龙泉市博物馆是世界上唯一一座系统介绍龙泉窑青瓷发展历史和人类非物质文化遗产代表作——“龙泉青瓷传统烧制技艺”的专题博物馆。龙泉市博物馆共有藏品 13 000 余件（套），藏品以陶瓷器类藏品为大宗，包括各时期龙泉窑青瓷瓷器、历代陶瓷器，其中龙泉窑青瓷藏品近 10 000 件（套）。藏品以历代龙泉窑青瓷瓷器及标本为主，反映了龙泉窑青瓷的发生、发展及各个时期的艺术特征，序列较为完整。近年来，以自愿捐赠、其他单位移交等为主要方式，龙泉市博物馆征集接收了一批较为典型的古代青瓷尤其是龙泉窑青瓷。现笔者将其中具有典型性或一定研究价值的五件作品作如下归纳并作简析。

二、唐代青釉盘口堆龙盖瓶（图一）

来源　2020 年 12 月 11 日，龙泉市中等职业教育学校建龙窑处工地（原金沙变电所）工人发现，上报龙泉市文物部门后，市博物馆工作人员取回入库。

图一

器物简介 该瓶颈部及以上部分在出土挖掘时残损。覆盘形盖，盖顶置上下起伏状荷叶捧花苞形钮，盖中部贴皱褶状水波纹。原为盘口、圆唇、中束颈、圆肩、弧腹、平底，肩颈附两对称的泥条耳，肩外用泥条堆塑的龙，腹中束一皱褶状泥条，施青釉，不到底，釉色青黄，瓷质垫具垫烧。通长 27 cm，通宽 26 cm，残高 29 cm，底径 8.8 cm。

简析 该器是我馆近年收藏的为数不多的出土后直接入馆的青瓷器物之一，出土地点较为明确，被发现时位于一土坑内，还发现有菇形金属钉数枚，可确定为冥器，其土坑位于墓葬之内。然而接到群众报告后，市文物部门工作人员在实地调查后发现，该处地点在历史上曾多次施工动土，墓穴等遗迹早已被破坏严重而不可见。

笔者对照该出土器物与其他馆藏器物时发现，此类相似或者完全相同的器物在龙泉市博物馆馆藏器物中确有多件。如藏品编号 003376 的盘口双系堆龙瓶（图二至图四）即为其中之一，该瓶高 40.8 cm，口径 15 cm，底径 10.4 cm。无论从胎、

图二

图三

图四

釉、造型、烧造工艺、整体风格等方面来看，其均与出土器物基本相同。而笔者查阅这件原馆藏器物来源，发现其为2004年6月市执法部门收缴后移交至博物馆，因信息不全，其具体出土地点虽难以考察，但可确定的是出土于龙泉市内。并且因为原馆藏器物较为完整，可以推测基本来自墓葬而非窑址。藏品编号003478的盘口双系堆龙瓶（图五至图七）为另一件相似器物，该瓶除了和出土器物的胎、釉、造型、烧造工艺、整体风格等方面基本相同之外，值得注意的是，其来源为1981年10月龙泉县上垟木岱村出土。

图五

图六

图七

由此可见，此类的盘口双系堆龙瓶可能是古代龙泉境内比较常用的冥器之一。根据其胎、釉、造型、烧造工艺等方面来看，时代应为唐代，下限应为唐代晚期。

陶瓷冥器是较为特殊的一类文物类型，因其出土可见于古代墓葬之中，往往能根据墓葬留下的文字记载来确定具体年代的上下限，从而成为判定文物制造、使用时代的标准。因为使用方式（陪葬品）的特殊，决定了一些由当地风俗产生的固定类型的陶瓷类冥器尤其是青瓷冥器基本都是由当地的生产制造商来生产制

图八

图九

图十

作的，不太可能大批外地采购来使用。比如龙泉窑北宋时期的五管瓶（图八）和南宋时期的龙瓶（图九）、虎瓶（图十）等，均是本地生产、本地使用的，在其他地区目前为止未发现有出土情况。

此类盘口双系堆龙盖瓶在越窑、福建等几个窑口中也有发现，但是不同窑系的产品细节略有不同。

综合以上论述，我们可以推断，该类的盘口双系堆龙盖瓶年代应为唐代，很有可能也是龙泉地区生产的青瓷。该类器物的年代和产地的确定，对龙泉窑创烧时间的确定，也有很大的参考意义。

如今在学术界对于龙泉窑青瓷的创烧时间仍然存在一定的争议，有“三国两晋说”“南朝说”“五代说”“北宋说”等。如果能确定该类器物的产地在龙泉，就可以说明：龙泉窑的创烧时间应该不晚于唐代，创烧时间的“五代说”“北宋说”都是错误的。

三、北宋淡青釉刻莲瓣纹铭文大炉残件（图十一、图十二）

来源 2020年9月10日，个人捐赠龙泉市博物馆。

器物简介 该炉虽残尤精，做工规整，刻划精细，约为完整器（图十二）三分之一的上半部分。残件通高18.3 cm、通长21 cm、宽14.6 cm，口平有沿，外翻。腹部装饰透明浅青黄的仰莲瓣纹，分四层，叶瓣一大一小，环状间隔。大瓣片状，犹如一只汤匙般大小竖立着，外饰有羽状叶脉纹，中间脊背有突白筋，周边有细刻线，叶底部有筷头大小的小叶。内底粘窑碴，灰白胎，平足，内外皆施淡青釉。

从口沿部至刻仰莲纹腹部之间的颈部，有约为5 cm高的光素无纹部位，釉下有细刻写的残文字，为竖排，共八列，每列为两至四字不等，按不规则排列，从右到左，分别罗列如下："□□县小梅 窑匠 李熟 同妻 陈十二娘捨 □香炉□□"。共16字，前"龙泉"两字虽然有残，但仍能根据残余部分笔画而辨认。

图十一

图十二

简析 从该残件的器型上来看，是北宋或者五代至北宋时期龙泉窑的连座炉的样式，通常用于寺庙、祭祀等宗教用途。从残件现状上分析，极有可能是龙泉地区的窑址出土。铭文中提及龙泉县小梅（现为龙泉市小梅镇）的窑工李熟及其妻子陈十二娘的名字。笔者认为可以通过窑工姓名这一线索，查找小梅镇范围内的李氏宗谱，如能在其中找到此人，就可以确定该青瓷残件的具体制作年代的上下限等信息。然而，这不仅需要文物部门发挥业务主导作用，更需要乡镇政府、社区等部门协同合作。如能开展具体后续调查研究，笔者相信或许将会得出许多意想不到的收获。

由此可见，该残件是龙泉窑史上发现的记载有本地地名及实名窑匠的年代最早的青瓷，对于龙泉窑研究是一件宝贵的实物佐证，对于龙泉窑文化和地方社会学文化的研究有较高的价值，同时，对龙泉青瓷历史、烧制技艺、人文研究等也具有一定的参考意义。

四、宋青釉刻荷花莲瓣纹孔明碗（图十三、图十四、图十五）

来源 2012年9月道太乡山头窑出土。道太乡政府征集，移交龙泉市博物馆。

器物简介 碗口微敛、深弧腹、圈足。碗系由一深一浅两只碗叠置贴合而成，

图十三

图十四

图十五

形成中空夹层，外层底部镂空有孔，与夹层相通。上层内底有粘渣，刻有荷花纹饰，周围饰复线弦纹两周，中间填以复线条纹装饰，外壁饰两道弦纹，其下饰双层仰莲纹，内填篦纹。碗内、外施青釉，釉色青绿莹润。底部无釉，垫圈垫烧。口沿有多处磕缺。口径 18.8 cm，底径 12.7 cm，高 7.7 cm。

简析 此碗俗称“诸葛碗”，又称“孔明碗”。传说诸葛亮六出祁山，为迷惑敌方，稳定军心，发明了此夹层碗，并用以进餐，以示食可盈碗，掩盖其身心交困的窘态，故名“诸葛碗”。又有一说是因其底部有一孔，而得名“孔明碗”。北宋时期越窑、婺州窑、龙泉窑等窑系均烧造过此类“诸葛碗”。而在龙泉金村地区也有出土过类似标本。该碗的胎、釉、装饰风格和装烧方式兼有南宋和北宋龙泉窑的特征，生产时代可判在两宋之际。

关于其用途，目前也有多种说法，有学者认为是用于保温的“夹层暖碗”，也有学者认为是“夹底骰盆”（用于掷骰子的赌博用具），还有学者认为是供奉祭祀时使用的器物。观察该碗的结构、造型，“夹底骰盆”的说法从使用角度考虑有些不切实际，“夹层暖碗”的说法似乎可以做到，但是使用并非方便，故笔者认为其主要功用更倾向于祭祀用供器。

五、南宋青釉长颈瓶（图十六、图十七、图十八）

来源 2021 年 12 月 16 日，由龙泉市公安局移交龙泉市博物馆。

器物简介 唇口、直颈、溜肩、垂腹、圈足。瓶内、外和圈足内均施粉青釉，釉层较厚，呈乳浊状，底足刮釉，呈火石红色。口部、底足有轻微磕伤，器身多处粘渣、吸烟。通高 14.2 cm、口径 6.2 cm、腹径 9.2 cm、底径 6 cm。2021 年 3 月 31 日，经浙江省文物鉴定站鉴定为三级文物。

简析 南宋为龙泉窑的鼎盛时期，已发现南宋窑址共有 260 多处。南宋早期

图十六

图十七

图十八

龙泉窑发展迅速，器物釉层增厚，纹饰形象生动，刀笔刚劲有力。南宋中晚期，龙泉窑在胎釉配方、施釉、造型、烧造等方面进行了科学改进，成功烧制出滋润如玉的粉青釉与梅子青釉，使青瓷釉色达到顶峰。这一时期，烧制的黑胎厚釉开片青瓷和白胎厚釉青瓷——即为龙泉“哥窑”和“弟窑”，釉色类玉、造型优雅、制作精细，无与伦比。该瓶即为白胎厚釉青瓷类中的典型器物之一，其粉青釉釉层丰厚，釉色淡雅，釉质滋润如玉，代表了龙泉窑巅峰时期的工艺水平。不过，从该件作品器身多处粘渣、吸烟的情况来看，应是来自窑址中的次品。因为是由当地公安局移交，从案件提供的材料分析，该瓶应该是出土于龙泉大窑村附近地区。

六、南宋至元青釉鸟食罐（图十九、图二十）

来源　2021 年 12 月 16 日，由龙泉市公安局移交龙泉市博物馆。

图十九

图二十

器物简介 小口、圆唇、圆腹、饼足。罐内、外施粉青釉，釉层较厚，呈乳浊状，釉面有开片，足不施釉，呈黄褐色。外腹部近底足处有窑疤。通高 2.7 cm、口径 2.2 cm、腹径 4.2 cm、底径 2.2 cm。2021 年 3 月 31 日，经浙江省文物鉴定站鉴定为三级文物。

简析 鸟食罐，作为古人的闲玩之器，在历史上多个时代都一直存在，而在宋代尤为多见。龙泉窑的鼎盛时期一直从南宋延续至元代。该罐从胎、釉方面看，与南宋时期龙泉窑风格相符，而从造型风格、装烧工艺等方面看已有元代龙泉窑的特征，所以应为南宋至元时期的作品，下限可以到元代。从来源上看，与上一件长颈瓶一样，应出土于龙泉大窑村附近地区。

七、小结

综上所述，本文所提及的 5 件青瓷器物虽然来源不尽相同，其实却反映了龙泉历史上不同时期龙泉窑瓷器的面貌。其中有些面貌清晰明确，成为龙泉窑发展的实物证据，也有一些犹如笼罩着神秘的面纱，等待着我们去探究、揭露真实。

然而笔者相信，随着时间的推移，人们对文物的保护意识也将不断提高，加上文物部门工作人员孜孜不倦的探求精神和努力付出，更多古代龙泉青瓷将会出现在我们的面前，龙泉窑的历史面貌也将更加清晰地呈现，历史留下的谜题也都将会一一得到完美的解答。

“龙行万里——海上丝绸之路上的龙泉青瓷”——随展文创开发浅析

胡诗曦 中国（海南）南海博物馆

“龙行万里——海上丝绸之路上的龙泉青瓷”展览作为海上丝绸之路系列展览之一，展示了浙江龙泉窑是中国陶瓷史上烧制年代长、窑址分布广、生产规模和外销范围大的青瓷名窑，龙泉青瓷通过海上丝绸之路输出至东亚、东南亚、南亚和欧洲，行销世界，显示了龙泉青瓷和海上丝绸之路之间的关系以及龙泉青瓷所代表的中国文化被世界认识和认可。随展文创以“立足展陈藏品，结合展陈内容，突出藏品特点”等方面为出发点，展现了龙泉窑瓷器淡雅、含蓄、敦厚、宁静等中国古典审美情趣。

陶瓷是中华文明的重要组成部分，因其兼具极高的实用价值与艺术价值受到世人的喜爱，其中龙泉青瓷是中国瓷品中的瑰宝，从北宋起就开始输出至海外，在海上丝绸之路上占据瓷器外销的重要席位。根据藏品所展示的龙泉窑瓷器各个时期的造型特色、装饰工艺等特点为开发依据，设计方式突出文物特色，将现代与传统文化相融合，使得产品能够贴近大众生活、满足大众审美、符合当下大众消费水平，从而实现展览的延伸，使文化真正地落地，走到大众中去。

一、以藏品文物为开发元素

浙江龙泉的青瓷是中国瓷品中的一块瑰宝，在西晋时便开始有烧制青瓷的瓷窑，宋元之际进入鼎盛时期，龙泉青瓷形成了著名的龙泉窑系，为宋代中国最大的瓷业中心。青瓷器型多样，几乎包括了人民日常生活用器的大部分，有碗、盘、壶等。龙泉窑的色泽也非常具有辨识度，分为两种：一种是白胎和朱砂胎青瓷，著称“弟窑”或“龙泉窑”；另一种是釉面开片的黑胎青瓷，称“哥窑”。弟窑的青瓷釉层丰润，釉色青碧，光泽柔和，晶莹滋润，胜似翡翠。有梅子青、粉青、月白、豆青、淡蓝、灰黄等不同釉色。哥窑瓷胎主要为棕色的哥窑胎和棕黑色。

南宋时期龙泉窑得到空前的发展，龙泉青瓷进入鼎盛时期。此时期器型更是丰富多样，主要有碗、盘、盆、碟、盏、壶、罐、渣斗、水注、水盂、笔筒、炉、琮、投壶、瓶等，应有尽有。为尽可能地让游客近距离欣赏到龙泉青瓷的独特韵味，所开发的茶具、香具等文创产品均采用高岭土，传统工艺烧制，最大可能还原青瓷的传统技艺手法。

（清雍正）五彩人物纹碗

青瓷色本自然，青碧如水，有“雨过天青”之雅、“海洋绿”之幽。梅子青为南宋龙泉窑最为经典、稀有的釉质，是青瓷釉色与质地之美的顶峰。宋代推崇淡雅之色，梅子青呈色青翠滋润，在青釉的色系中尤其受欢迎。推出的清风竹韵、疏影旅行茶具套装均颇受游客的喜爱。

清风竹韵茶具套装（开发人员：李冯添）

二、立足于展览内容开发

根据展览内容，延伸出海上丝绸之路主题系列产品，将馆藏文物与随展内容相结合。

随展文创作为展览的最后一个展厅单元，在藏品的基础上进行设计创作，做到让藏品更接地气，走进寻常百姓家。文创产品更可看为展览的文化缩影，提炼展览进行设计，将这一份文化记忆植入在产品中，不仅让文物“活”起来，更让优秀的传统文化在大众中“火起来”。

“海丝知守饰品”系列（开发人员：李冯添）

中篇·图录

Longquan Celadon on the Maritime Silk Road

中国瓷器的对外输出有着悠久的历史，是海上丝绸之路贸易中的最大宗物品。随着海外交通和海洋贸易的兴起与发展，浙江龙泉青瓷因其独特的地理条件和高超的制造工艺，成为中国对外输出的重要商品之一而载誉海外。

第一部分

青瓷出龙泉

龙泉窑位于浙南山区，山上有丰富的瓷土矿和茂盛的森林，为烧窑提供了有利条件。宋元之际，是龙泉窑系青瓷发展的鼎盛时期，主要分布在以龙泉为中心的浙南山区，沿瓯江中上游的庆元、龙泉、云和、丽水至下游的温州等地，长达五六百里，共发现古代窑址 250 处以上。龙泉窑以烧制青瓷闻名，各时期在胎质、釉色、纹饰、造型等方面各具特色。随着出口外销的增加，宋元时期龙泉窑瓷器在烧制规模、胎质釉色等方面都达到其发展的鼎盛时期。南宋时期制定“博易”方针，促使龙泉窑瓷业进一步发展。随后，元代设“奖励”互市，加强与海外各国的贸易往来，从而使龙泉窑青瓷一跃成为世界性商品。

龙泉窑盘口双系长颈盖瓶

五代—北宋

口径 17.2 cm × 底径 17.2 cm × 高 33.8 cm

龙泉市青瓷博物馆藏

龙泉窑钵

五代—北宋

口径 21.5 cm × 底径 21.4 cm × 高 10.5 cm

龙泉市青瓷博物馆藏

龙泉窑托

北宋

口径 12.4 cm × 底径 12.4 cm × 高 6.8 cm

龙泉市青瓷博物馆藏

龙泉窑五管瓶

北宋

口径 12.5 cm × 底径 12.5 cm × 高 27.9 cm

龙泉市青瓷博物馆藏

龙泉窑莲瓣小缸

北宋

口径 10.7 cm × 底径 10.7 cm × 高 6.4 cm

龙泉市青瓷博物馆藏

龙泉窑撇口碗

北宋

口径 13.9 cm × 底径 13.9 cm × 高 6.8 cm

龙泉市青瓷博物馆藏

龙泉窑撇口刻花碗

北宋

口径 13.1 cm × 底径 13.1 cm × 高 5.8 cm

龙泉市青瓷博物馆藏

龙泉窑刻花碟

两宋之际

口径 13.7 cm × 底径 13.6 cm × 高 3.4 cm

龙泉市青瓷博物馆藏

龙泉窑斗笠碗

两宋之际

口径 10.8 cm × 底径 10.8 cm × 高 3.7 cm

龙泉市青瓷博物馆藏

龙泉窑刻花碗

两宋之际

口径 16.8 cm × 底径 16.6 cm × 高 6.8 cm

龙泉市青瓷博物馆藏

龙泉窑凤耳瓶

南宋

口径 7.9 cm × 底径 7.9 cm × 高 18.5 cm

龙泉市青瓷博物馆藏

龙泉窑“河滨遗范”葵口碗

南宋

口径 13 cm × 底径 13 cm × 高 4.7 cm

龙泉市青瓷博物馆藏

龙泉窑鬲炉

南宋

口径 12.9 cm × 底径 12.9 cm × 高 10 cm

龙泉市青瓷博物馆藏

龙泉窑耳杯

南宋

口径 9.7 cm × 底径 9 cm × 高 3.3 cm

龙泉市青瓷博物馆藏

龙泉窑花口碗

南宋

口径 10.6 cm × 底径 10.5 cm × 高 5.6 cm

龙泉市青瓷博物馆藏

龙泉窑南瓜棱形水注

南宋

口径 10.9 cm × 底径 8.4 cm × 高 7.1 cm

龙泉市青瓷博物馆藏

龙泉窑贯耳小瓶

南宋

口径 4.3 cm × 底径 4.2 cm × 高 7.9 cm

龙泉市青瓷博物馆藏

龙泉窑长颈瓶

南宋

口径 7.6 cm × 底径 7.5 cm × 高 14.9 cm

龙泉市青瓷博物馆藏

龙泉窑龙瓶

南宋

口径 14.1 cm × 底径 13.1 cm × 高 21.2 cm

龙泉市青瓷博物馆藏

龙泉窑凤尾瓶

元代

口径 9.2 cm × 底径 9.2 cm × 高 18.7 cm

龙泉市青瓷博物馆藏

龙泉窑竹节炉

元代

口径 8.5 cm × 底径 8.5 cm × 高 7.1 cm

龙泉市青瓷博物馆藏

龙泉窑盏托

元代

口径 6.5 cm × 底径 6.5 cm × 高 5.2 cm

龙泉市青瓷博物馆藏

龙泉窑褐色点彩盘

元代

口径 14.3 cm × 底径 14.2 cm × 高 4.2 cm

龙泉市青瓷博物馆藏

龙泉窑小罐

元代

口径 6.9 cm × 底径 6.9 cm × 高 5.6 cm

龙泉市青瓷博物馆藏

龙泉窑大吉瓶

元代

口径 6.5 cm × 底径 6.5 cm × 高 16.3 cm

龙泉市青瓷博物馆藏

龙泉窑高足杯

元代

口径 12.1 cm × 底径 12 cm × 高 8.9 cm

龙泉市青瓷博物馆藏

龙泉窑双鱼洗

元代

口径 13.4 cm × 底径 13.3 cm × 高 3.8 cm

龙泉市青瓷博物馆藏

龙泉窑奁式小炉

元代

口径 8.5 cm × 底径 8.5 cm × 高 4.6 cm

龙泉市青瓷博物馆藏

龙泉窑高足杯

元代

口径 10.9 cm × 底径 10.7 cm × 高 7 cm

龙泉市青瓷博物馆藏

龙泉窑葵口杂宝碗

元代

口径 17.1 cm × 底径 16.8 cm × 高 7 cm

龙泉市青瓷博物馆藏

龙泉窑印花小罐

元代

口径 9.4 cm × 底径 9.4 cm × 高 7.5 cm

龙泉市青瓷博物馆藏

龙泉窑牡丹纹盖罐

元代

口径 15.6 cm × 底径 15.6 cm × 高 9.4 cm

龙泉市青瓷博物馆藏

龙泉窑福禄寿盘

元代

口径 17.4 cm × 底径 17.4 cm × 高 4.5 cm

龙泉市青瓷博物馆藏

龙泉窑花瓶座

元代

口径 25.5 cm × 底径 24.6 cm × 高 17.4 cm

龙泉市青瓷博物馆藏

龙泉窑双耳环小瓶

元代

口径 6.8 cm × 底径 6.8 cm × 高 13.9 cm

龙泉市青瓷博物馆藏

龙泉窑三足炉

元代

口径 13.2 cm × 底径 13.2 cm × 高 5.9 cm

龙泉市青瓷博物馆藏

龙泉窑太白坛

元代

口径 29.9 cm × 底径 29.8 cm × 高 32 cm

龙泉市青瓷博物馆藏

龙泉窑牡丹瓶

元代

口径 12.8 cm × 底径 12.7 cm × 高 25.5 cm

龙泉市青瓷博物馆藏

龙泉窑露胎贴花盘

元代

口径 14.7 cm × 底径 14.7 cm × 高 3 cm

龙泉市青瓷博物馆藏

鼎式小炉

明代
口径 5.9 cm × 底径 5.7 cm × 高 7 cm
龙泉市青瓷博物馆藏

历史人物故事碗

明代

口径 14.5 cm × 底径 14.4 cm × 高 7.8 cm

龙泉市青瓷博物馆藏

花口高足杯

明代

口径 12.6 cm × 底径 12 cm × 高 11.9 cm

龙泉市青瓷博物馆藏

刻花碗

明代

口径 14.6 cm × 底径 14.2 cm × 高 8.5 cm

龙泉市青瓷博物馆藏

美酒飘香铭文罐

明代

口径 30.2 cm × 底径 30.2 cm × 高 20.7 cm

龙泉市青瓷博物馆藏

牡丹纹瓶

明代

口径 21.6 cm × 底径 21.3 cm × 高 50 cm

龙泉市青瓷博物馆藏

八卦长筒瓶

清代

口径 11.1 cm × 底径 10.8 cm × 高 36.8 cm

龙泉市青瓷博物馆藏

高足盏

清代

口径 9.9 cm × 底径 9.9 cm × 高 6.2 cm

龙泉市青瓷博物馆藏

八卦炉

清代

口径 18.5 cm × 底径 18.4 cm × 高 8.5 cm

龙泉市青瓷博物馆藏

第二部分

青瓷行万里

海上丝绸之路始于汉代，在宋元时期达到繁盛。从隋末唐初开始，一直至清代，中国陶瓷主要经历了三次较大规模的输出时期。而龙泉青瓷是中、后两次输出时期的主要陶瓷品。它的输出海路之长、分布国家之广、数量之大、产品之精，为全国其他产区无可匹敌。“从中国东南沿海各港口起，循海道一直到印度洋沿岸的波斯湾、阿拉伯海、红海和东非沿岸……无处没有龙泉青瓷的踪迹。”龙泉青瓷的外销，不仅是将精美的陶瓷远销国外，也将博大精深的中国传统文化传播到世界各地，推动了世界文明的发展，堪称中外青瓷外销史的典范。

龙泉窑青釉印花碗

Longquan Celadon on the Maritime Silk Road

宋代

口径 11.8 cm × 底径 5.0 cm × 高 6.6 cm

中国（海南）南海博物馆藏

龙泉窑青釉双鱼洗

宋代

口径 12.2 cm × 底径 4.6 cm × 高 3.8 cm

中国（海南）南海博物馆藏

龙泉窑青釉菊瓣纹洗

宋代

口径 12.1 cm × 底径 4.6 cm × 高 3.5 cm

中国（海南）南海博物馆藏

龙泉窑青釉双鱼洗

宋代

口径 11.8 cm × 底径 4.7 cm × 高 3.8 cm

中国（海南）南海博物馆藏

龙泉窑莲瓣纹盖罐

宋代

口径 11.0 cm × 底径 6.2 cm × 高 11.2 cm

中国（海南）南海博物馆藏

龙泉窑莲瓣纹葵口盘

宋代

口径 15.5 cm × 底径 5.5 cm × 高 3.7 cm

中国（海南）南海博物馆藏

龙泉窑青釉莲瓣纹葵口碗

宋代

口径 12.5 cm × 底径 5.0 cm × 高 6.4 cm

中国（海南）南海博物馆藏

龙泉窑青釉花口碟

宋代

口径 11.3 cm × 底径 3.8 cm × 高 2.2 cm

中国（海南）南海博物馆藏

龙泉窑青釉刻划花碗

宋代

口径 19.3 cm × 底径 6.3 cm × 高 8.5 cm

中国（海南）南海博物馆藏

龙泉窑青釉折沿洗

元代

口径 17.4 cm × 底径 6.9 cm × 高 4.5 cm

中国（海南）南海博物馆藏

龙泉窑青釉弦纹碗

元代

口径 12.8 cm × 底径 6.3 cm × 高 7.5 cm

中国（海南）南海博物馆藏

龙泉窑青釉刻花菱口盘残件

元代

残高 5.3 cm

中国（海南）南海博物馆藏

龙泉窑青釉刻花盘残件

元代

残高 6.8 cm

中国（海南）南海博物馆藏

龙泉窑青釉刻花瓶残件

元代

残高 14.5 cm

中国（海南）南海博物馆藏

龙泉窑青釉莲瓣纹菱口盘残件

元代

口径 32.4 cm × 底径 15.8 cm × 高 6.1 cm

中国（海南）南海博物馆藏

龙泉窑青釉菊瓣纹划花盘

元代

口径 28.3 cm × 底径 16.2 cm × 高 4.8 cm

中国（海南）南海博物馆藏

龙泉窑青釉莲瓣纹碗

元代

口径 17.3 cm × 底径 5.8 cm × 高 6.2 cm

中国（海南）南海博物馆藏

龙泉窑青釉莲瓣纹碗

元代

口径 16.7 cm × 底径 5.6 cm × 高 6.4 cm

中国（海南）南海博物馆藏

龙泉窑青釉荷叶盖罐

元代

口径 5.8 cm × 底径 3.8 cm × 高 7.6 cm

中国（海南）南海博物馆藏

龙泉窑青釉洗

元代

口径 11.5 cm × 底径 5.8 cm × 高 3.8 cm

中国（海南）南海博物馆藏

龙泉窑青釉荷叶盖

元代

口径 8.0 cm × 高 1.6 cm

中国（海南）南海博物馆藏

龙泉窑青釉荷叶盖

元代

口径 8.0 cm × 高 1.0 cm

中国（海南）南海博物馆藏

龙泉窑莲瓣纹碗

元代

口径 16.6 cm × 底径 5.8 cm × 高 6.9 cm

中国（海南）南海博物馆藏

龙泉窑印花碗

元代

口径 15.1 cm × 底径 6.0 cm × 高 6.9 cm

中国（海南）南海博物馆藏

龙泉窑高足碗

元代

口径 11.8 cm × 底径 4.2 cm × 高 10.5 cm

中国（海南）南海博物馆藏

龙泉窑青釉贴塑龙纹盘

元代

口径 35.0 cm × 底径 13.5 cm × 高 7.3 cm

中国（海南）南海博物馆藏

龙泉窑青釉小罐

元代

口径 3.0 cm × 底径 2.7 cm × 高 3.8 cm

中国（海南）南海博物馆藏

龙泉窑青釉小罐

元代

口径 3.3 cm × 底径 3.3 cm × 高 4.8 cm

中国（海南）南海博物馆藏

龙泉窑青釉小罐

元代

口径 3.8 cm × 底径 3.4 cm × 高 4.6 cm

中国（海南）南海博物馆藏

龙泉窑青釉褐彩盖罐

Longquan Celadon on the Maritime Silk Road

元代

口径 5.7 cm × 底径 4.1 cm × 高 6.5 cm

中国（海南）南海博物馆藏

龙泉窑青釉褐彩盖罐

元代

口径 5.4 cm × 底径 4.1 cm × 高 7.0 cm

中国（海南）南海博物馆藏

龙泉窑青釉印花双系罐

元代

口径 3.5 cm × 底径 3.5 cm × 高 7.3 cm

中国（海南）南海博物馆藏

龙泉窑青釉印花双系罐

元代

口径 2.7 cm × 底径 3.4 cm × 高 6.8 cm

中国（海南）南海博物馆藏

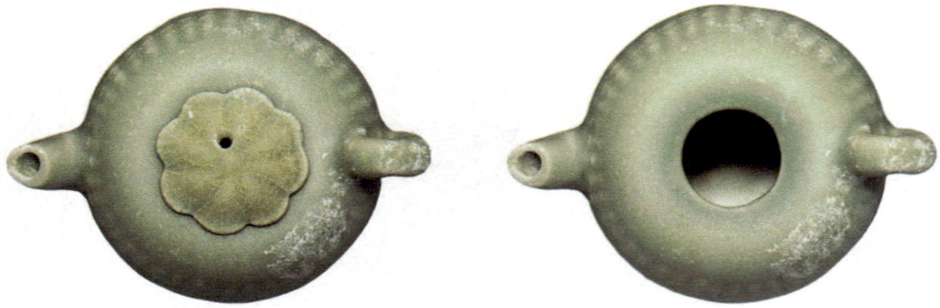

龙泉窑青釉竹节壶

元代

口径 2.0 cm × 底径 5.3 cm × 高 7.8 cm

中国（海南）南海博物馆藏

龙泉窑青釉小口罐

元代

口径 2.0 cm × 底径 3.0 cm × 高 6.0 cm

中国（海南）南海博物馆藏

龙泉窑叶盖罐

元代

口径 5.8 cm × 底径 4.1 cm × 高 6.4 cm

中国（海南）南海博物馆藏

龙泉窑青釉刻花盘残件

元代

口径 44.0 cm × 底径 23.5 cm × 高 7.5 cm

中国（海南）南海博物馆藏

龙泉窑青釉刻花盘残件

元代

底径 24.2 cm × 高 7.9 cm

中国（海南）南海博物馆藏

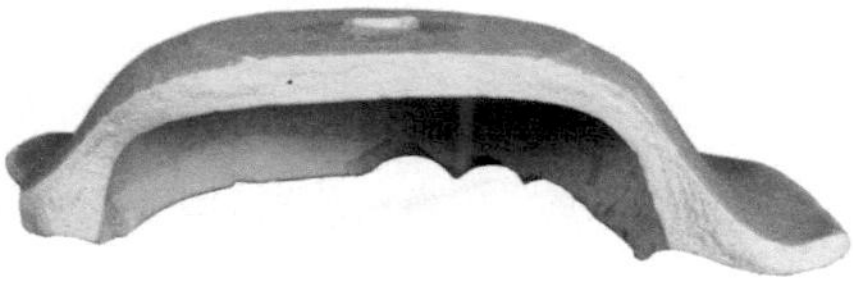

龙泉窑青釉荷叶器盖

元代

口径 28.8 cm × 残高 7.6 cm

中国（海南）南海博物馆藏

龙泉窑青釉贴塑龙纹盘残件

元代

底径 14.2 cm × 残高 2.7 cm

中国（海南）南海博物馆藏

龙泉窑青釉花卉纹残片

元代

口径 25.0 cm × 底径 15.4 cm

中国（海南）南海博物馆藏

龙泉窑青釉印花盘残件

元代

底径 10.3 cm × 残高 3.7 cm

中国（海南）南海博物馆藏

龙泉窑青釉刻花菱口碗残件

元代

底径 13.9 cm × 高 12.1 cm

中国（海南）南海博物馆藏

龙泉窑青釉刻花菱口碗残件

元代

残高 12.6 cm

中国（海南）南海博物馆藏

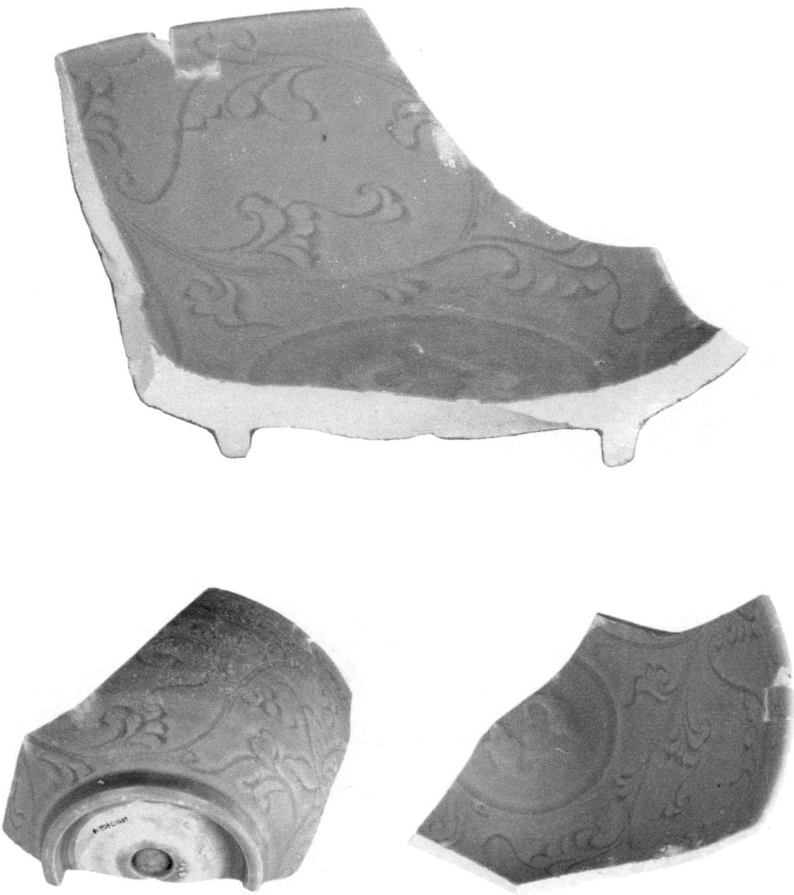

龙泉窑青釉刻花碗残件

Longquan Celadon on the Maritime Silk Road

元代

底径 14.4 cm × 高 12.8 cm

中国（海南）南海博物馆藏

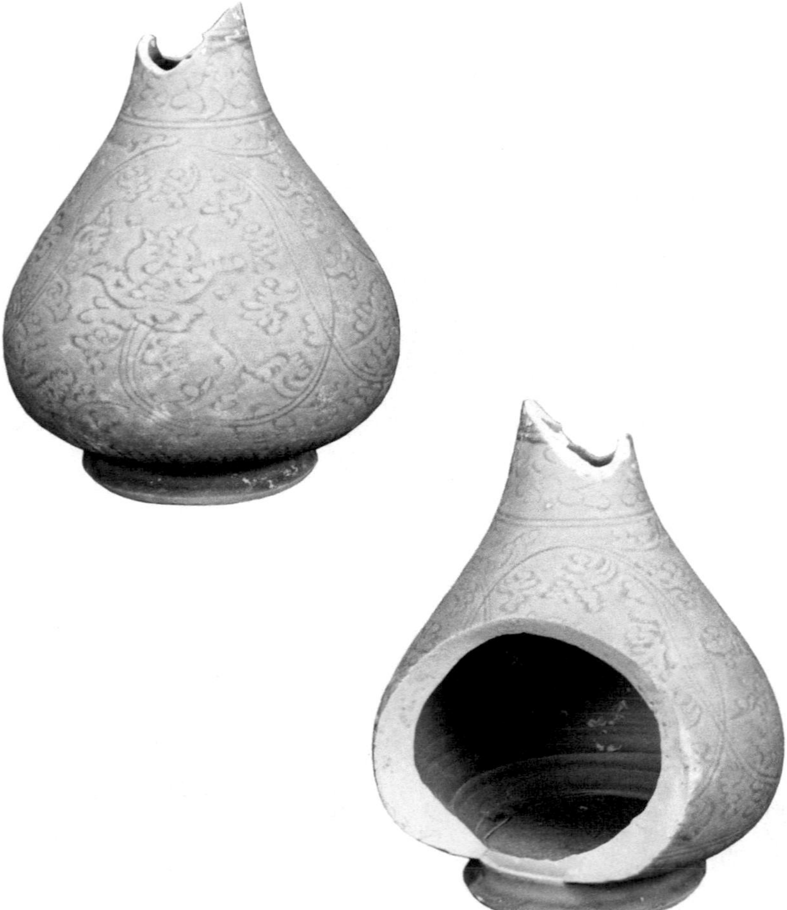

龙泉窑青釉玉壶春瓶残件

Longquan Celadon on the Maritime Silk Road

明代

底径 13.8 cm × 残高 27.6 cm

中国（海南）南海博物馆藏

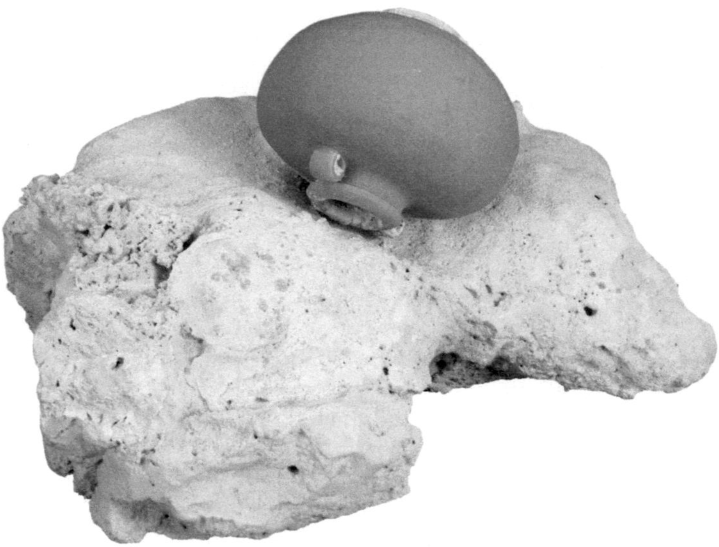

龙泉窑青釉双系罐

明代

口径 31.9 cm × 底径 22.9 cm × 高 22.0 cm

中国（海南）南海博物馆藏

第三部分

青瓷传古今

1957年，按照周恩来总理“要恢复青瓷生产”的指示，浙江省由八位专家组成仿古小组，在第二年春天点燃了恢复龙泉青瓷的第一炉窑。基于对龙泉窑青瓷的全面研究开发，使龙泉青瓷工艺得以完整地恢复，濒临失传的青瓷制作工艺再次得到了发展。龙泉青瓷步入了一个全新的繁荣期。

正是在这一背景下，龙泉青瓷的发祥地涌现出了一批优秀的龙泉青瓷工艺大师。他们创作的龙泉青瓷作品在品质、工艺、造型等诸方面都已经超越了南宋古青瓷。如今的龙泉，不单单是一个陶瓷生产基地，更是很多艺术追梦者的天堂。

青釉蟋蟀罐

Longquan Celadon on the Maritime Silk Road

明代宣德时期

底径 12.9 cm × 高 9.9 cm

景德镇御窑博物院藏

青釉带座梅瓶

明代宣德时期

口径 5.9 cm × 底径 12.4 cm × 高 42.5 cm

景德镇御窑博物院藏

青釉金钟式花钵

明代宣德时期

底径 11.5 cm × 高 15.2 cm

景德镇御窑博物院藏

青釉六边形花盆

明代宣德时期

高 16.0 cm

景德镇御窑博物院藏

青釉刻团花莲子碗

明代正统至天顺时期

口径 16.2 cm × 底径 4.8 cm × 高 8.8 cm

景德镇御窑博物院藏

青釉刻缠枝宝相花纹侈口碗

明代正统至天顺时期

口径 16.5 cm × 底径 5.8 cm × 高 7.4 cm

景德镇御窑博物院藏

青釉三足鼓形香炉

明代成化时期

口径 11.2 cm × 高 9.8 cm

景德镇御窑博物院藏

青釉双耳簋式炉

明代成化时期

口径 11.9 cm × 高 9.3 cm

景德镇御窑博物院藏

青釉鼓钉三足盆托

Longquan Celadon on the Maritime Silk Road

明代成化时期

口径 30.1 cm × 高 11.7 cm

景德镇御窑博物院藏

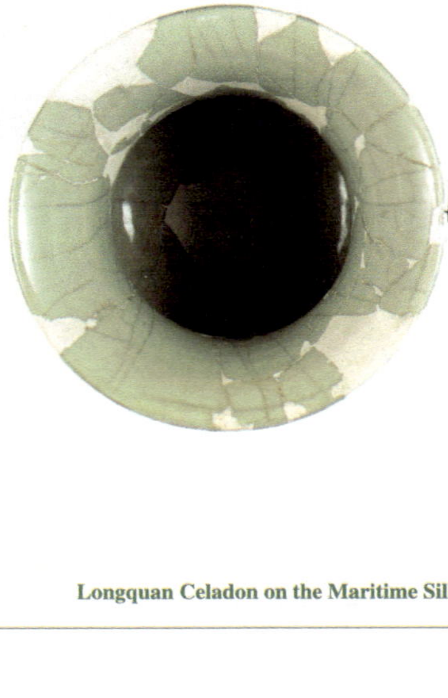

青釉渣斗式花盆

明代成化时期

口径 23.6 cm × 高 26.4 cm

景德镇御窑博物馆藏藏

龙泉窑青釉高脚莲花瓷器

1959 年

口径 23.5 cm × 底径 23.4 cm × 高 13.5 cm

龙泉市青瓷博物馆藏

龙泉窑青釉瓷狮子

20 世纪 60 年代

口径 21.7 cm × 底径 11.3 cm × 高 20.5 cm

龙泉市青瓷博物馆藏

龙泉窑青釉玉壶青瓷瓶

20 世纪 60 年代
口径 9.5 cm × 底径 9.5 cm × 高 16.5 cm
龙泉市青瓷博物馆藏

龙泉窑青釉瓷台灯

20 世纪 70 年代

口径 13.5 cm × 底径 11.5 cm × 高 24.1 cm

龙泉市青瓷博物馆藏

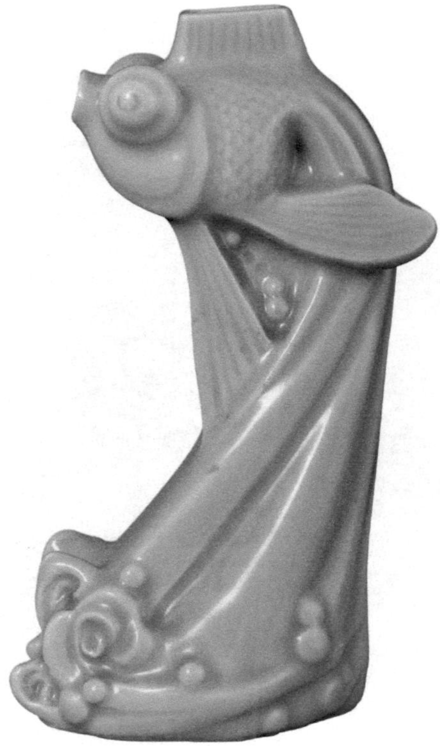

龙泉窑青釉金鱼瓷花插

20 世纪 80 年代

口径 13.3 cm × 底径 9 cm × 高 23 cm

龙泉市青瓷博物馆藏

龙泉窑青釉釉下彩绘瓷挂盘

现代

口径 26.7 cm × 底径 26.5 cm × 高 3.9 cm

龙泉市青瓷博物馆藏

下篇·文创

Longquan Celadon on the Maritime Silk Road

随展文创产品立足展陈展览藏品，结合展览内容，突出藏品特点。随展文创作为展览的最后一个展厅单元，在藏品的基础上进行设计创作，做到让藏品更接地气，走进寻常百姓家。让观众更近距离地感受来自龙泉窑的魅力，体验淡雅、含蓄、敦厚等中国古典审美情趣。

白菜瓶

口径 7.7 cm × 高 20.5 cm

设计来源于“龙行万里——海上丝绸之路上的龙泉青瓷”展览。龙泉青瓷是中国瓷品中的瑰宝，从北宋起对外输出至海外，在海上丝绸之路上占据瓷器外销的重要席位。此产品采用高岭土，传统工艺烧制。青瓷色本自然，青碧如水，有“雨过天青”之雅、“海洋绿”之幽。

插香承碟

底径 13.8 cm × 高 5.8 cm

鼓形刻花茶叶罐

底径 12.8 cm × 高 11.5 cm

归心茶叶罐

底径 12.8 cm × 高 15.8 cm

刻花玉壶春瓶

底径 12 cm × 高 19 cm

刻花玉壶春执壶

底径 2.7 cm × 高 16 cm

龙泉窑青瓷荷叶茶叶罐

口径 8.3 cm × 底径 7 cm

龙泉窑青瓷花口杯

口径 10.2 cm × 高 5 cm

龙泉窑青瓷蕉叶小盖罐

腹径 7.2 cm× 高 7 cm

龙泉窑青瓷开片鬲式炉

口径 8.3 cm × 高 7 cm

旅行茶具套装

盖碗：口径 8.5 cm × 高 5.9 cm
茶杯：口径 6 cm × 高 4 cm
分茶杯：口径 8.6 cm × 高 9.1 cm

明月清风茶具套装

茶壶：口径 7.6 cm × 高 8 cm

茶杯：口径 5.6 cm × 高 5.5 cm

分茶杯：口径 8.3 cm × 高 9.5 cm

茶盘：长 19.8 cm × 宽 19.8 cm

清风竹韵茶具套装

壶：口径 6 cm × 高 6.9 cm

杯：口径 5.8 cm × 高 4.5 cm

分茶杯：口径 7 cm × 高 8.6 cm

蒜头刻花玉壶春瓶

底径 12 cm × 高 19 cm

文房三宝

笔筒：口径 10.8 cm × 高 16 cm

竹节镇纸：口径 6.6 cm × 高 3 cm

竹韵印泥盒：口径 9 cm × 高 4 cm

钥匙挂件

福袋款：长 3 cm × 宽 2.5 cm
观音款：长 4.5 cm × 宽 3.1 cm
叶子款：长 4 cm × 宽 2.2 cm
佩奇款：长 4 cm × 宽 3 cm
蝴蝶款：长 2.5 cm × 宽 4.5 cm
凯蒂猫款：长 4 cm × 宽 2.8 cm

海丝系列知守耳饰

Longquan Celadon on the Maritime Silk Road

长 5.6 cm × 宽 2 cm

材质：925 银 天然贝壳

海丝系列饰品设计灵感来源于中国（海南）南海博物馆馆藏文物“明龙泉窑青釉双鱼洗”，其内壁底心贴饰背向小鱼一对。首尾相连的小鱼在水下近千年的依偎，是被大海珍藏的温柔。无论是风暴还是洋流，都不能动摇这一份相知相守。产品选用 925 银与天然贝壳结合，象征着爱情长久，幸福美满。

海丝系列知守项链

总链长：44.7 cm
坠子长度：3.6 cm
吊链长度：1.8 cm

海丝系列知守胸针

Longquan Celadon on the Maritime Silk Road

长 6.2 cm × 宽 1.9 cm

海丝系列知守项链

总长：47.4 cm

坠子：长 3.1 cm × 宽 1.3 cm

海丝系列知守手链

Longquan Celadon on the Maritime Silk Road

总链长：22.1 cm

坠子长度：4.8 cm

海丝系列知守胸针

长 5.1 cm × 宽 3 cm

海丝系列知守胸针

Longquan Celadon on the Maritime Silk Road

长 8.6 cm × 宽 3 cm

结语

Longquan Celadon on the Maritime Silk Road

龙泉青瓷是中国的，也是世界的。从郁郁青山到南海碧波，从沿海港口到亚、非、欧等众多国家和地区，随处都可见到龙泉窑瓷器那动人心弦的一抹青翠。龙泉青瓷以其技艺精湛、釉色绝伦、造型经典引领着世界陶瓷的科技进步、艺术创作和文化审美，带动了多个国家和地区的瓷业发展，从单纯的商品输出转向更深层的文化与技术层面的输出。当然，龙泉青瓷在宋元时期的辉煌外销，除自身制瓷技术外，也离不开当时国家开放的对外贸易政策，与海上航行以及对海洋的认识密切相关。龙泉青瓷的大量外销，正是宋元时期海上丝绸之路繁盛的重要缩影！

龙行万里，寄托着强盛中华的千秋家国梦！

支持单位

首都博物馆、福建博物院、浙江省博物馆、广东省文物考古研究所、广东海上丝绸之路博物馆、景德镇中国陶瓷博物馆、景德镇御窑博物院、景德镇陶瓷民俗博物馆、景德镇民窑博物馆、龙泉市博物馆。

（排名不分先后顺序）

图书在版编目（CIP）数据

龙行万里：海上丝绸之路上的龙泉青瓷 / 中国（海南）南海博物馆编著 . -- 北京 : 海洋出版社 , 2021.12
ISBN 978-7-5210-0880-7

Ⅰ . ①龙… Ⅱ . ①中… Ⅲ . ①龙泉窑－青瓷（考古）－介绍 Ⅳ . ① K876.3

中国版本图书馆 CIP 数据核字（2022）第 003121 号

龙行万里：海上丝绸之路上的龙泉青瓷
LONGXING WANLI: HAISHANG SICHOU ZHILUSHANG DE LONGQUAN QINGCI

责任编辑：项　翔
责任印制：安　森

海洋出版社 出版发行
http://www.oceanpress.com.cn
北京市海淀区大慧寺路 8 号　　邮编：100081
涿州市般润文化传播有限公司印刷　　新华书店北京发行所经销
2023 年 9 月第 1 版　　2023 年 9 月第 1 次印刷
开本：787mm × 1092mm　1/16　印张：13.5
字数：192 千字　　定价：199.00 元

发行部：010-62100090　邮购部：010-62100072　总编室：010-62100034